金教鞭

幼儿园

主题课程实务指导

（修订版）

◎吴振东　编著

海峡出版发行集团 THE STRAITS PUBLISHING & DISTRIBUTING GROUP | 福建人民出版社 FUJIAN PEOPLE'S PUBLISHING HOUSE

图书在版编目（CIP）数据

幼儿园主题课程实务指导 / 吴振东编著. -- 2 版
（修订版）-- 福州：福建人民出版社，2024.1（2024.10 重印）
（“金教鞭”丛书）
ISBN 978-7-211-09246-8

Ⅰ.①幼… Ⅱ.①吴… Ⅲ.①幼儿园—课程—教学
研究 Ⅳ.①G612

中国国家版本馆 CIP 数据核字（2023）第 251391 号

幼儿园主题课程实务指导（修订版）
YOU'ERYUAN ZHUTI KECHENG SHIWU ZHIDAO（XIUDINGBAN）

作　　者：吴振东
责任编辑：吴梅香
责任校对：陈　璟
出版发行：福建人民出版社　　**电　　话**：0591-87533169(发行部)
网　　址：http://www.fjpph.com　　**电子邮箱**：fjpph7211@126.com
地　　址：福州市东水路 76 号　　**邮政编码**：350001
经　　销：福建新华发行（集团）有限责任公司
印　　刷：福建新华联合印务集团有限公司
地　　址：福州市晋安区福兴大道 42 号
电　　话：0591-88208420
开　　本：700 毫米×1000 毫米　1/16
印　　张：9.75
字　　数：160 千字
版　　次：2024 年 1 月第 2 版
印　　次：2024 年 10 月第 2 次印刷
书　　号：ISBN 978-7-211-09246-8
定　　价：35.00 元

修订版前言

本书初版在2021年2月出版，初版共印刷3次。应该说本书还算是受到一线老师喜欢的。本书正式出版之后，因课堂教学与研究的需要，本人对主题课程这个话题也一直保持了持续的学习与思考，同时时常会友情指导一些老师，解答其关于主题课程方面的困惑或问题，本人积累了一些资料，也修正了一些观点。

有一次在接受某教师咨询有关主题课程目标的制订程序时，才猛然意识到本书初版在这个知识点的阐述上确有欠妥之处。初版通过举例方式比较详细地介绍了适合于目标导向为主的主题课程目标拟定的“三步骤”，而对以过程导向为主的主题课程目标的拟定，只用简单的几句话加以交代。细读之下才发觉，初版在主题课程目标拟定程序的阐述上，确实易给读者带来一定的误解，即在不经意中将主题课程再次引向目标导向或学科取向。这显然与初版所强调的主题课程应以活动导向为主，应走向追随幼儿有价值的兴趣、走向问题中心的课程设计思路的主张是相悖的。

因而，本人决定借本书修订的机会，对主题课程目标拟定的基本程序重新做阐述，即删除初版的相关内容，并将之调整到活动导向这一方向上。同时，也适当补充了陈鹤琴、张雪门所创立的“五指活动课程”“行为课程”的主要观点，旨在进一步完善主题课程实施依据的同时也提醒大家：早在20世纪30年代，以陈鹤琴、张雪门为代表的幼教先驱们，在投身于探索具有中国化、现代化、科学化的幼教事业的征程中，他们所创立的幼儿园课程模式，便是属于主题课程，并在一开始就赋予其先进的基本特征，即主题课程是“生活的”“弹性的”。

在着手修订本书时，本人特地去翻阅了教育部颁布的《义务教育课程方案（2022年版）》，惊喜地发现该文件在谈及深化教学改革时，明确提出：“推进综合学习。……探索大单元教学，积极开展主题化、项目式学习等综合性教学活动，促进学生举一反三、融会贯通，加强知识间的内在关联，促进知识结构化。”读到这段话，本人不禁感慨几分：义务教育阶段尚在积极开展主题化、项目式学习等综合性教学活动，那么，属于非义务教育阶段的幼儿园教育，是不是更应责无旁贷地将主题课程的实施与推进担负起来呢？对于此，想必每位一线教师心中都有自己的答案。同时，也希望本书修订版的正式出版，能为幼儿教师在实施与推进主题课程上做出力所能及的绵薄贡献。

吴振东

2023年11月6日

第1版前言

主题课程是幼儿园课程建设的基本路向。在幼儿园课程实践中，主题课程应该得到倡导与实施。对此，当下广大园长和教师至少已在口头上达成了共识，但在行动上是否已有共识，也就是说在实际行动上是否真正将主题课程重视起来，认真地做起来，那就很难说了。据了解，目前还是有一些园长和教师在幼儿园课程实施过程中满脑子都是领域课程，以及领域课程中的集体教学活动这一形式，认为在集体教学活动中有了教师的教才有幼儿的学，幼儿能将教师教的知识说出来，教师“传道授业解惑”才得以落实。

这种不恰当地迷恋集体教学活动的做法，将集体教学活动作为主题课程实施的主要甚至是几近全部的活动形式，极易导致主题课程实施过程中存在活动形式单一、内容生硬拼组等现象。于是，所谓的主题课程便简单地等同于领域课程中的集体教学活动的结合体。这或是主题课程被诟病为“拼凑课程”的原因所在。这种“拼凑课程”既没有将原有领域课程的纵向系统性发挥出来，又没有将主题课程所强调的横向性联系与整体性优势体现出来。因而，这样的“拼凑课程”其实也是一种“双输课程”。

导致主题课程异化为“拼凑课程”“双输课程”，既有园长和教师对幼儿园课程认识上的原因，也源于园长和教师缺乏对主题课程相关基础知识的了解和对主题课程实操技能的掌握。属于后者的这些园长和教师，尤其是新教师在主题课程实施方面往往有心无力。他们确实急需比较系统地了解与掌握主题课程的相关知识与实操技能。这也是本人编写这本书的主要动机之所在，因为能力是可以通过不断的学习与练习而得以提高的。但愿这本书能为对主题课程有真正拥抱之意的园长和教师提供一种“看得懂，用得上，做得好”的有益帮助。

本书共分为六章，前面五章为主题课程内涵及设计、实施等相关基础知识的介绍。本人在相关基础知识的阐述中，尤其是在观点说明与主张上力求简洁鲜明、有自己的独立思考，浅显易懂、贴近教师的阅读习惯。第六章为主题课程实施例示，在幼儿园主题课程的具体实践中，不同幼儿园的课程建设理念、课程运行惯习、教师课程素养等方面的不同，也使得在主题课程实践中所呈现的主题课程样态不尽相同。本章选取三个呈现形式不同的主题课程实施案例，在说明主题课程如何具体实操的同时，也旨在展示主题课程样态的多样性。

本书在编撰过程参考借鉴了同仁的相关文献，凡所参考的文献资料均加以注明，在此谨致谢意。本书能得以顺利出版，还得感谢吴梅香编辑的支持与帮助。囿于本人的学术视野与专业水平，书中存在一些有待完善之处，敬请诸位行家里手不吝赐教。

吴振东

2020 年 12 月 25 日

目　录

第一章 主题课程概述

百余年的中国幼儿园课程发展史中，具有代表性并发生了较大影响的幼儿园课程改革主要有三次，其中第一、三次均与主题课程密切相关。当前，主题课程已经成为幼儿园普遍采用的课程模式。周淑惠指出，“主题课程是当代幼儿课程的主流，也是最能反映未来纪元所需的幼儿课程”①。本章主要介绍幼儿园主题课程的含义、特点及常见类型。

一、主题课程的含义与辨析

主题课程是幼儿园常见的课程类型之一。与之相关的课程类型还有领域（学科）课程、项目课程、单元课程等。在明晰主题课程的概念时，免不了需要将主题课程与常见课程类型的关系做一定的辨析，并对主题课程与这些相关的课程类型在幼儿园课程实践中是如何共存的，做进一步的探讨。

（一）主题课程的含义

主题课程指的是师幼在一定时间内围绕某一中心话题而展开的系列活动的总和。这个“中心话题”即主题的中心内容。它可以是与幼儿日常生活相联系的具体事物或现象，如“超市”“游乐园”等；也可以是比较抽象的内容，如“滚动”“植物的生长”“食物的旅行”等。主题课程的系列活动在内容上通常具有一定联系性，在形式上则可以是集体教学活动、区域活动、游戏活动、生活活动、自由活动，以及环境创设、家园合作等。在主题课程体系中，往往包括了主题内容、主题目标、主题实施、主题小结等四个基本要素。本书将对“主题课程”与“主题活动”或“主题活动课程”持同义，为

---

① 周淑惠. 幼儿园课程与教学：探究取向之主题课程［M］. 台北：心理出版社，2006：55.

表述方便，统一使用“主题课程”。

在文献阅读中，有时也会出现“单元课程”这一术语。其实，“单元”所表示的是一种集合概念。这个集合单位可以是学习时间、内容、目标或环节等。在幼儿园主题课程中，其展开的逻辑是课程活动内容而非课程活动时间，即主题课程其实是围绕某学习内容而展开的系列课程活动的集合，因而主题课程也可以称之为“单元主题课程”。本书中对“单元课程”与“主题课程”也不做区分，视二者为同义。

（二）相关概念的辨析

20 世纪 90 年代中期以来，伴随着瑞吉欧学前教育体系在全世界的传播，方案教学或项目活动、项目课程（project approach）在国内被高度关注和尝试开展。项目课程指的是在教师的指导下，幼儿以小组为单位，对某一共同感兴趣的话题进行持续的探究性学习活动。其展开过程一般包括三大环节，即项目活动筹备（包括调查与咨询专家）、项目展开、项目学习成果的展示与反馈。

探究性和小组形式是项目课程的主要特征，项目课程与主题课程的共同点是它们都是围绕某一话题而展开的系列活动。两者的区别在于：前者强调课程的实施以幼儿的兴趣与关注点为主，强调生成元素，没有明显的、预定的、具体的学习目标；后者强调教师的规划，以教师的预设为主，有明确的、预设的学习目标。有学者以旅行为例，形象地说明了两者的区别，即主题课程是跟团旅行，旅行路线与参观景点乃至参观时间都已事先预设完毕；项目课程则是自助旅行，旅行者带上旅行地图和指南针随兴趣而行。

目前，教师在开展主题课程时，也积极吸纳项目课程的先进理念，比如强调关注幼儿的兴趣与需求，强调生成活动在主题课程中的比重，淡化所预设的主题课程目标而转向关注主题课程实施过程中幼儿的感受与体验，即主题课程从刚性形态逐渐走向弹性形态。可以这样说，由教师主导式走向幼儿主动探究式，这是当前主题课程发展的基本趋势。

在幼儿园课程类型中，大家最为熟知的除主题课程外，便是领域课程。目前，幼儿园在课程建设与实践层面上，通常采用“主题课程与领域课程并存”的混合式课程模式。因而，在实施主题课程时，必然也要面临着如何处理与领域课程关系的问题。

领域课程的实质是学科课程。领域表示的是学科知识的边界，只不过这样的学科知识边界比学科课程来得宽泛而已，比如艺术领域其实就是包括音乐与美术学科。领域课程所表示的是领域知识组织及其实施的一种载体形式。领域课程的实施途径，同样地，也包括集体教学活动、区域活动、游戏活动等多种形式，只不过教师比较习惯于以集体教学活动形式来完成领域课程实施的任务而已。

在幼儿园的周课程安排中，有的集体教学活动是主题课程实施的途径或形式，而有的集体教学活动则可能与主题课程实施的关联度不强。但不管是属于何种类型的集体教学活动，人们都主张应将课程整合理念渗透其中，即通过领域渗透来落实课程整合思想。比如在健康领域集体教学活动中，在落实健康领域核心目标的基础上，主张对该领域活动内容所蕴含的超越该领域的教育价值进行充分的挖掘，并以领域渗透的方式进行自然的整合。以某幼儿园大班下学期体育集体教学活动“斗鸡”（民间游戏）为例，该活动核心目标是“练习单脚站立和单脚跳，发展腿部力量和身体的平衡能力”。该活动中的一个环节是这样设计的：教师引导幼儿单脚站在所折的报纸上，报纸折的次数越多，报纸面积就越小，意味着幼儿单脚站的支撑面就越小。活动中，执教的教师只注意引导幼儿将报纸对折后直接单脚站在所折的报纸上，比一比谁站的时间最久或是哪些幼儿能坚持到教师所规定的时间……其实稍加思考一下，便可知在该环节中教师完全可以有机地将数学学习内容渗透其中。教师在引导幼儿对折报纸时，可以在幼儿将报纸边对边、角对角折一次后，有意识地引导他们去发现报纸大小发生了什么变化；在活动中可以先让幼儿感受一下报纸对折后的变化，感知二等分、四等分、八等分的数学概念，再进行单脚站立的活动。当然，在引导幼儿感受等分时，教师不必告诉或请幼儿记住是什么等分这样的术语，但应该引导幼儿直观地感受对折后报纸到底变成几个一样大小的长方形或正方形。

（三）主题课程的实践形态

幼儿园课程就是各类型活动的组合体。尽管目前幼儿园课程是属于一种“主题课程与领域课程并存”的混合式课程模式，但在实践层面上，主题课程实施形态则不尽相同。如果按现在幼儿园一日活动的常规安排，通常是集体教学活动、区域活动与游戏活动各一次，比如上午开展集体教学活动和区域活动，那么下午就开展游戏活动；或者上午开展区域活动和游戏活动，下午开展集体教学活动。如果以周课程计划表计算，即每周各有五次集体教学活动、区域活动与游戏活动。那么，主题课程实施形态可能有以下三种方式。

一是“集体教学活动为主，区域活动和游戏活动为辅”模式。如每周有三次集体教学活动是与主题课程内容有关的，其他两次集体教学活动则与主题课程内容相关性不大，这两次集体教学活动内容是独立于班上当下所开展的主题课程，其往往用来实施学科知识相对比较系统或比较难以与当下所开展的主题课程建立较自然横向关系的教学活动，如数学集体教学活动或体育集体教学活动等。班上所开展的区域活动或游戏活动中，有一至两个是随着主题课程的开展而开展的，即属于主题课程背景下的区域活动或游戏活动。

二是“区域活动和游戏活动为主，集体教学活动为辅”模式。如班上的区域活动内容都与主题课程的开展相关，即主题课程的实施通过区域活动这一形式展开，而当下班上所开展游戏活动内容也有部分与主题课程的内容相关；每周会根据主题课程的实施情况，开展一至两次旨在整理与提升幼儿在区域活动中所获得的经验或是解决幼儿在区域活动中所存在的共性问题的集体教学活动，而其他的集体教学活动内容，相对而言，则与主题课程的直接关联度不大。

三是“集体教学活动与区域活动和游戏活动并行”模式，即在整个主题课程实施过程中，集体教学活动与区域活动和游戏活动各占的比重相对比较均衡，没有出现明显的偏颇。

二、主题课程的特征与类型

理清了主题课程与项目课程、领域课程的关系之后，接下来有必要梳理主题课程的基本特征以及主题课程常见类型。

（一）主题课程的特征

1. 整合性

20世纪，陈鹤琴和张雪门分别创立了“五指活动课程”和“行为课程”，即主张以活动的方式将五大领域学习内容有机整合起来，以整体的方式加以实施。陈鹤琴更是以人的五个连为一体的手指做比喻，提出了课程结构的“五指活动”理论①，“五指”分别代表健康活动、社会活动、科学活动、艺术活动和语文活动，“手掌”代表儿童的生活；“五指”与“手掌”连为一体，代表这些活动和儿童的生活互相关联。

两位幼教先驱所主张的幼儿园课程模式，即时下力推的主题课程。20 世纪 80 年代中后期，针对当时全国幼儿园所实施的分科课程存在的弊端，掀起了一场“去分科课程”、重新走向主题课程模式的改革。强调课程整合，可以说是主题课程最主要的特征。课程整合包括目标整合、内容整合、手段与方式整合等。在内容整合方面，主题课程强调课程内容的横向有机联系，而分科课程关注的则是课程内容的纵向联系。

2. 关联性

主题课程就是由各种相关的系列活动所构成的，且这些系列活动是围绕一定的话题内容而展开的。因而，关联性可以说是主题课程的基本特征之一。无论是内容上的关联还是经验上的关联，关联性特征使得主题系列活动具有一定的“专题性”。主题课程的专题性，可以体现在系列活动内容层面上的关联性，即课程内容的关联与整合；也可以体现在活动经验层面上的关联性，即课程实施追随幼儿的兴趣与关注点，课程依幼儿的兴趣链而展开。

主题课程系列活动因关联而具一定的专题系列性，可以有效克服因领域课程而带来的学习经验过于割裂乃至零散的弊端。幼儿可以通过主题课程学习，获得相对完整而深入的学习经验。主题课程的实施过程，也就有可能成为幼儿一次难忘的学习与探究之旅。

有学者提出，探究性与开放性是主题课程的特征。主题课程是否具备探究性与开放性，其实是取决于主题课程实施者的价值取向。探究性与开放性并不是主题课程的本质属性，而是主题课程的应然特征而已。正如简楚瑛指出的：“不同教学理念的老师或不同教育目的者拿到相同单元或主题的名称，可以发展出不同的课程与教学过程，但其授课范围应该是相似的。”②

---

① 简楚瑛. 幼儿教育课程模式［M］. 4 版. 南京：南京师范大学出版社，2018：33.

② 简楚瑛. 方案教学的理论与实务［M］. 上海：华东师范大学出版社，2005：5.

（二）开展主题课程的主要依据

1. 历史依据

在回溯幼儿园课程的内涵时，陈鹤琴、张雪门等幼教先驱们一开始便是将幼儿的经验、幼儿的活动视为幼儿园课程关注的重点，即幼儿园课程的“经验说”或“活动说”，认为课程是一种“动态”的存在。在关于幼儿园课程活动的具体实施上，更是以法规形式强调了应注重活动内容间的相互关联。1932 年，由陈鹤琴等人主持拟定、教育部颁布的《幼稚园课程标准》明确规定：“所列各种活动（音乐、游戏、故事和儿歌、社会和自然、工作等），于实际施行时，应该打成一片，无所谓科目。”

两位幼教先驱所独创的“五指活动课程”和“行为课程”，均属于主题课程范畴。在“五指活动课程”中，陈鹤琴认为①：编制课程时，对于事物的研讨要有系统性，要注意事物发展的规律，以及事物与事物之间的联系，不能将一件一件的事物孤立开来，使幼儿对事物的发展得不到一个整体的概念。张雪门的“行为课程”在组织方法上，也是偏向以“主题”为核心方式去编写教学内容。在张雪门的“行为课程”中，主题的选择有②：依照节气的变化，纳入幼儿接触较多的自然与社会环境，且符合时代与国情所需的内容，如节庆（新年、端午、中秋等）、自然（光、电、水等）、家庭、学校、动植物等，大约选四至五个内容作为每学期的课程主题。

也就是说，幼教先驱们在探索现代化的中国幼教发展之路上，一开始所倡导和实践的便是主题课程，而且都认为主题课程在实施过程应根据实际情况做灵活调整。陈鹤琴认为③：所有的课程应是富于弹性的，能允许重新组织的。张雪门在“行为课程”理论中也主张④：“况且预定的课程，又不是绝对的不能变动。教师随时注意实际上偶发事项，随时变化，随时活用，以适应儿童的需要，满足儿童的兴趣，实在比死板地照着所定的大纲去教授好的多了。”

2. 学理依据

幼儿与中小学生的学习最大区别在于：中小学生的学习，是对学科知识

---

①②③ 简楚瑛. 幼儿教育课程模式［M］. 4 版. 南京：南京师范大学出版社，2018：35，44，35.

④ 戴自俺. 张雪门幼儿教育文集（上卷）［M］. 北京：北京少年儿童出版社，1994：130-131.

的系统学习与掌握；幼儿的学习则是“游戏”，是幼儿在游戏过程中对其所寄居的生活世界进行启蒙式的认知以及经验的建构。生活世界不同于以知识方式而存在的学科世界，它是以问题的形式而存在。问题本身就是以一种整体方式而存在着，它并不属于哪一个学科的知识，而且问题的解决往往需要综合地运用多学科知识。

幼儿对生活世界的认知是以整体性的方式进行的，即整体性学习是幼儿学习的重要特征之一。幼儿对外部世界的认识，是直接以整体的方式去把握的，而成人的学习方式是学科式的，是基于对部分的认知，而后才形成整体的认知。所以，有时当幼儿忍不住发出“这里的风景真漂亮”的赞叹时，你若去问幼儿“这里的风景漂亮在哪里”，幼儿对你所提出的这个问题，往往会先停顿并思考一下，才有可能回答你提的问题。因为幼儿做出“这里的风景真漂亮”这样的认知性判断，不是采用个别认知的方式，所以无法立刻回答你所提出的属于个别认知的答案。成人恰好相反，成人的认知是基于个别认知的基础上才做出整体性判断的，因而成人可以很快速地回答类似于“这里的风景漂亮在哪里”这样的问题。

生活世界是整体的，幼儿的认知方式也是整体的，那么，根据“以学定教”的原则，通过课程活动而带给幼儿的学习内容也应该是以整体的方式加以呈现的。这便是幼儿园力推主题课程模式的理由所在。

3. 法规依据

2001 年，教育部颁布的《幼儿园教育指导纲要（试行）》中指出：“幼儿园的教育内容是全面的，启蒙性的，可以相对划分为健康、语言、社会、科学、艺术等五个领域，也可作其他不同的划分。各领域的内容相互渗透，从不同的角度促进幼儿情感、态度、能力、知识、技能等方面的发展。”颁布于 2012 年的《3～6 岁儿童学习与发展指南》（全书以下简称《指南》），也在“说明”部分明确指出：“儿童的发展是一个整体，要注重领域之间、目标之间的相互渗透和整合，促进幼儿身心全面协调发展，而不应片面追求某一方面或几方面的发展。”2022 年颁布的《幼儿园保育教育质量评估指南》，在关于教育过程活动组织的“考查要点”中也再次指出：“关注幼儿学习与发展的整体性，注重健康、语言、社会、科学、艺术等各领域有机整合，促进幼儿智力和非智力因素协调发展，寓教育于生活和游戏中。”

陆续颁布的幼教法规文件，一再强调这样的基本观点：领域间应“渗透和整合”，强调幼儿的发展是整体的。

2022 年，教育部颁布的《义务教育课程方案（2022 年版）》，在“基本原则”中明确提出：“加强课程内容与学生经验、社会生活的联系，强化学科内知识整合，统筹设计综合课程和跨学科主题学习。加强综合课程建设，完善综合课程科目设置，注重培养学生在真实情境中综合运用知识解决问题的能力。开展跨学科主题教学，强化课程内容协同育人功能。”2023 年 5 月，教育部办公厅印发的《基础教育课程教学改革深化行动方案》中再次提出：“强化跨学科综合教学，遴选推广一批跨学科综合性实践性教学优秀案例。”义务教育阶段尚在积极开展主题化、项目式学习等综合性教学活动，那么，属于非义务教育阶段的幼儿园教育，更应责无旁贷地将主题课程的实施与推进工作担负起来。

从 20 世纪 90 年代至今，幼儿园开展主题课程已经经过了一定的实践探索，积累了较为丰富的经验。主题课程的推行在一定程度上打破了学科课程模式一统天下的局面，减轻了人们对学科课程模式的过分依赖，在实践层面上给幼儿园课程模式的多样化带来新的活力。但不可否认的是，由于受学科课程模式的影响，一些幼儿教师本身就是在学科课程背景下成长起来的，学科课程模式自然而然地成为他们理解与实施课程模式的惯习、不自觉的标准。因而，在实施主题课程过程中，有的教师的教学时常带有浓厚的学科课程模式印迹，即以知识传递为使命、以强调知识的横向联系作为主题课程推进的基本逻辑。

（三）主题课程开展的现状

这犹如一个长期习惯讲方言或长期居住于方言区的居民，突然让他改用普通话进行交流，则难免在其所讲的普通话中夹杂着或多或少的方言词语或方言腔调。主题课程也就因此被诟病为“穿新鞋走老路”，即“以主题为名，行学科之实”的“拼盘活动”。而事实上，陈鹤琴、张雪门等幼教先驱们所主张的幼儿园课程模式，便是“整体的、连贯的，要促进儿童的整体发展”①。

当然，对主题课程的另一种抨击声音，就是主题课程所带给幼儿的经验可能存在简单重复、缺乏纵向的有效递进，主题间的经验缺乏有机联系，难

① 简楚瑛. 幼儿教育课程模式 [M]. 4 版. 南京：南京师范大学出版社，2018：33.

以构成有机的整体。因而，有必要对传统意义层面上的主题课程进行“改造升级”，主张主题课程的走向应该以生成型与活动导向为主，即走向强调追随幼儿的有价值的兴趣、走向问题中心的课程设计思路。正如王春燕所指出的，“以问题解决为逻辑线索组织课程内容的方案教学，是单元主题活动的升华与高级形态”①。

关注主题课程的现状，必然也会去关注其过去的情况与未来的趋势。从历时性维度而言，对幼儿园主题课程可以形成这样的基本认识：有值得回味的纯正的过去，亦有值得反思的混杂的曾经；有正在努力的变革的现在，亦有值得期盼的涅槃的未来。

（四）主题课程的类型

在幼儿园课程实践中，人们基于对主题课程的认识以及所持的课程实施取向的不同，往往会在主题课程前面添加不同的限定词，形成如综合性主题课程、探索性主题课程、开放性主题课程等，由此也产生了各种各样的主题课程类型。

根据主题课程所蕴含信息量的大小以及实际开展时间的长短，可以将主题课程分为大主题课程和小主题课程；依主题课程缘由与活动展开逻辑，可以将主题课程分为预设型主题课程和生成型主题课程。预设型主题课程强调活动开展的计划性；生成型主题课程主张活动开展应根据实际情况做出灵活的调整，强调活动的应变性。

根据主题课程展开的价值取向，又可将主题课程划分为活动导向主题课程和知识导向主题课程。前者指的是主题课程展开的逻辑是以幼儿兴趣为导向，活动走向沿着幼儿的有价值的兴趣点和关注点而展开，类似于活动课程；后者所展开的逻辑则是以领域知识的传递为导向，活动走向通常是以领域知识传递为主，在传递领域知识的同时强调领域知识间的横向联系，其实质乃是领域课程。

探索性主题课程或探究取向主题课程（简称为“主题探究课程”）的说法，也常被提及。顾名思义，探索性主题课程强调探究精神，强调幼儿的自主探索，让幼儿在探索世界的过程中学习共同生活和自由地表现、表达与创

---

① 王春燕. 幼儿园课程概论［M］. 北京：高等教育出版社，2007：179.

造。周淑惠明确指出，“笔者特意冠名探究以示强调真正具有探究精神的主题课程：运用探究相关能力与领域相关知能去探究主题，并获得主题的相关知能且能即时运用于主题中，达到真正的课程统整境界，而非只是各领域活动的大拼凑”①。

根据主题课程内容所涵盖领域，主题课程可分为领域性主题课程和综合性主题课程。领域性主题课程指的是所展开的主题系列活动主要限于某一领域，比如大班系列化科学活动“香喷喷的大米从哪里来”②，教师从幼儿日常生活中所吃的米饭入手，沿着“稻谷种子—农民播种—嫩绿的秧苗—长满谷穗的稻田—农民收割水稻—农民扬晒稻谷—晒谷场上金灿灿的稻谷—农民将稻谷加工成大米—香喷喷的米饭”这条路线，相继开展了谈话活动、参观活动、家长来园助教、采访活动、科学探究活动等系列活动。综合性主题课程指的是主题课程的开展覆盖两个以上的领域内容，这种跨领域的主题系列综合活动则是通常所说的幼儿园主题课程或综合性主题课程。

鉴于目前幼儿园课程通常采用“混合式课程模式”，即主题课程与其他类型的课程模式并存的事实，笔者认为有必要借鉴生态式教育理念来赋予主题课程以新内涵，即提出“生态式主题课程”。“生态”是指在一定地域（或空间）内生存的所有生物之间、生物与其所处环境之间的相互关系，强调系统中各个因素之间的相互关联、相互作用以及功能上的统一，含有系统、整体、联系、和谐、共生和动态平衡之意。所谓的“生态式主题课程”，指的是在幼儿园课程系统中主题课程与其他类型课程活动是“共生共荣、共在共进”，有机联系的一个整体；在主题课程子系统中，主题课程所展开的系列活动在内容维度上具有横向性联系，在类型维度上既有多样性，相互间又具较强的关联性，使得主题课程呈现出一种动态的、生长性的“生态系统”。

金教鞭

① 周淑惠. 具STEM精神之幼儿探究课程纪实“一起创建游戏乐园”主题［M］. 台北：心理出版社，2018：17.

② 公燕萍，吴振东. 科学活动应是幼儿的探究之旅：优质幼儿科学活动的特征分析［J］. 教育与教学研究，2015（1）.

第二章　主题课程的内容与目标

开展主题课程，对教师而言，第一个工作便是选择主题课程的内容。因而，教师需要了解与掌握主题课程内容主要的来源途径。一旦某一主题课程内容确定完毕，在目标导向的课程模式下，教师还需要对主题课程目标进行编制，并以此作为主题课程实施的重要依据之一。

一、主题课程内容范围及其来源途径

幼儿园课程所具有的基础性、启蒙性与全面性等特征，决定着幼儿园课程内容具有广泛性。教师要在如此宽泛的课程内容范畴中选取适宜的主题课程内容，就必须了解主题课程内容产生的一般途径，才能有的放矢地去聚焦所需要的主题课程内容。

（一）主题课程内容的范围

陈鹤琴主张“大自然、大社会都是活教材”。他认为，幼儿是在周围的环境中学习，应该以大自然、大社会为中心组织课程。由此我们可以这样认为：凡是幼儿感兴趣、适宜幼儿认知水平、利于幼儿发展、符合教育目标的内容，均可视为幼儿园主题课程内容。

明确了主题课程内容的范围之后，那么，落实到幼儿园课程实践过程中，讨论主题课程内容的产生自然要分析主题课程内容产生的依据与主要的来源途径。就主题课程内容产生的依据，无外乎基于教育目标、教育资源、幼儿兴趣与需要或是兼而有之；就主题课程内容产生的维度，则有时间发展和事件性质两个维度。如表 2-1 所示，可以将主题课程内容的类型概括为：文化类（如现代节庆、民间文化等）、科学探究类（可分为物质科学、生命科学、地理与空间科学等）、环境适应类（如入园升学、季节变化等）、社会热点类及其他类。

表 2-1　主题课程内容产生维度表

月份	年段	文化		科学探究			环境适应		社会热点	其他
		现代节庆	民间文化	物质科学	生命科学	地理与空间科学	入园升学	季节变化	……	……
	小班									
	中班									
	大班									

（二）主题课程内容的来源途径

1. 来自幼儿生活中的有趣话题

幼儿园课程是在幼儿的生活中开展的，生活性是幼儿园课程的基本特征之一。主张主题应来源于幼儿生活，这也是实施主题课程的必然选择。幼儿生活的衣食住行都可能成为主题课程的来源。这些主题往往题材广泛，可以是自然物类、文化类、生产与生活类。比如，有一名幼儿将他在家里吃过的大海螺的螺壳带到幼儿园，并将它放在班级的自然角，结果这个大海螺的螺壳成为班级幼儿谈论的话题。教师呼应幼儿的关注点，开展了有关“海底世界”的主题课程。又如，有一名幼儿跟父母去外地旅游，带回一把好玩的折扇，引起同伴的关注与兴趣，于是教师组织幼儿开展了“各种各样的扇子”的主题课程。

幼儿生活中的有趣话题，也是主题课程内容产生的重要来源。要捕捉来自幼儿生活的有价值的话题，关键在于教师对幼儿生活世界的了解与关注。在日常生活中，教师要积极与幼儿交流，主动倾听幼儿间的交谈，细心地分析幼儿的绘画作品，敏感地捕捉幼儿在游戏中既不经意又不寻常的行为表现。

有一位教师在与同事交流课程实施的经验时说，她在每周一上午或是国庆节、五一节、元旦等假期后入园的第一天上午，都会特别关注幼儿间的自主交谈，一发现有幼儿三五成群或三三两两在积极地交谈着，她都会主动地去听一听他们到底在说些什么有趣的事情，并进一步思考他们所谈的这些事情能否引起其他幼儿的关注、这些话题是否有价值以及能否生成相应的主题课程。

2. 来自幼儿学习中的衍生话题

幼儿在参与各种学习活动的过程中，往往会衍生出一些他们想进一步探究与了解的问题，或是激发他们产生相关兴趣的话题。主题课程源于幼儿参与主动学习而衍生的话题，表明了幼儿园课程活动的运行处于一种比较良好的生态关系中。这在客观上要求教师在课程实施过程中，要牢牢树立整体教育观的意识，要善于寻找与捕捉各种课程活动类型与内容之间潜在的内在联系。比如在美术动画片教育活动“雪孩子”中，幼儿通过观看动画片，在学习、理解、体验该作品的基础上，有可能萌发相应的兴趣点，并由此生成一系列的相关活动，即与故事《雪孩子》相关的主题课程，如图 2-1 所示。

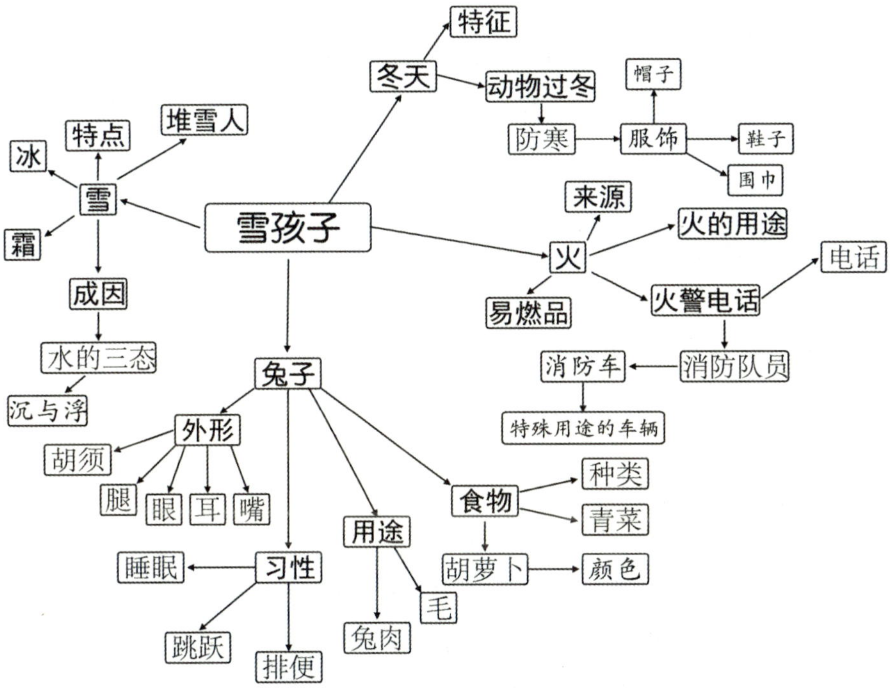

图 2-1

3. 来自幼儿生活中的节庆活动

幼儿在生活中会遇到各种各样的节庆活动。这些节日，有传统的，也有现代的，如中秋节、端午节、国庆节、劳动节、元旦等。了解这些节日的由来与演变，以及感受当地节庆活动的习俗等，本身就是幼儿学习的内容，也是他们应该掌握的基本经验。因而，幼儿园在某一节日到来之前，往往会根据幼儿年龄段的特点，围绕该节日的节庆活动开展适合该年龄段的主题课程。

4. 来自幼儿生活中的科学现象

幼儿在生活中会遇到一些常见的自然现象和社会现象，如风雨雷电、四季变化、生老病死、成长历程等。对这些现象的感知，以及对这些现象背后原因的初步了解，也是幼儿科学领域学习的常见内容。

在主题课程中，教师常常就某一话题开展系列活动，如开展“交通工具大比拼”“春天来了”“我的变化”“各种各样的桥”等等活动，旨在引导幼儿通过主题课程的学习，对该话题所涉及的内容有比较完整的了解与掌握，并在参与主题课程的学习过程中，萌发进一步探究的欲望与学习的热情。

5. 来自社会生活中的重大事件

社会生活中发生的重大事件，往往是人们生活中关注与谈论的话题。这些重大事件往往渗透于成人的交谈、广播电视、图书画报等之中。幼儿虽然弱小，但作为现实社会生活中的成员，自然也会感受到这些重大事件对人们生活的影响。

在幼儿园教育活动中，教师时常会在考虑幼儿年龄特点的基础上，以重大事件为主题来源开展主题课程，旨在让幼儿对重大的社会事件有所了解，如围绕“奥运会”“神舟飞船”开展主题课程。

社会生活中的重大事件有的是带有举国性质的，有的则是当地政府和人们在某一个阶段集中关注的。比如，某市开始推行垃圾分类的环保活动，那么，该市的幼儿园就会围绕“垃圾怎样分类”这一当下社会热点话题而开展相应的主题课程。又如，泉州市获得“东亚文化之都”与“海丝文化起点”的称号，泉州市区幼儿园就会开展与“海丝文化”相关的主题课程等。

以上所介绍的主题课程内容的来源途径，侧重于幼儿的视角。从教师的角度而言，主题课程内容的来源有可能是来自各种教学参考用书，也有可能是来自班级或幼儿园所拥有的课程资源等。

（三）主题课程的命名方式

主题课程内容确定后，一般就得给即将围绕这一内容而开展的主题课程取个名称，即主题课程命名。主题课程命名的基本要求是，应体现出儿童化、趣味化、浅显化，即主题课程的名字应该是好记好听、浅显易懂，对幼儿有吸引力，能够激发幼儿强烈的参与愿望以及丰富的想象力，比如“好玩的绳子”“蔬菜宝宝历险记”“有趣的测量”“春天来了”“小蜗牛去哪儿”“种子的世界”“玩具总动员”“去演一场木偶戏”等。

需要特别指出的是，主题课程的名称（形式）与主题课程的实施（内容）的关系，有可能是相一致的，即从主题课程的名称就可以大致推知其内容；也有可能相去甚远，即主题课程的名称仅是表示该主题课程的起点而已，主题课程在实施的过程中也会因追随幼儿的兴趣等缘故，而生成与主题课程名称关联度不大的相关活动。笔者姑且将以上两种主题课程分别称为表内核型主题课程和表起点型主题课程。相对而言，在主张生成性主题课程中，出现表起点型主题课程的概率会比较大。

（四）各年段常见主题课程内容

笔者从文献中选取三种主题课程内容，并将其所提供的各年段常见主题课程内容辑录如表 2-2、表 2-3、表 2-4，供大家参考。

表 2-2　各年段常见主题课程内容一览表（一）①

年段	学期	主题一	主题二	主题三	主题四	主题五	主题六	主题七	主题八
小班	上	走进“快乐”园	玩具大家玩	好吃的水果	亲亲一家人	汽车			
	下	我自己	萝卜	可爱的小鸡	春天花儿开	热闹的马路			
中班	上	消防车	中秋月儿圆	我们乘地铁	各种各样的树叶	37 路公交车	美丽的郑和公园	夫子庙的小吃	花园里有什么
	下	我爱我家	超市	小小面点师	我和朋友	我家的小工具	鱼儿乐悠悠	春天里……	
大班	上	欢乐重阳节/敬老院的爷爷奶奶	秋天的收获	柿子红了	我的树朋友	桥博物馆	过新年	图书	有趣的影子
	下	小戏迷	服装	泥土	感恩的心（我家的故事/幼儿园的故事）	有趣的旋转	健康的身体	我要上小学了	

① 内容来源于南京市太平巷幼儿园研发的“田野课程”。

表 2-3　各年段常见主题课程内容一览表（二）①

年段	主题一	主题二	主题三	主题四	主题五	主题六
小班	去幼儿园	小蜗牛去哪儿了	猪宝宝的花手套	好吃的蔬菜	我们的节日	好玩的玩具
中班	种子的世界	中秋节	幼儿园的树朋友	金色的秋天	好玩的水	我们一起游戏吧
大班	我爱我的家乡	我要上学啦	有趣的测量	幼儿园里为我们服务的人	牙齿白花花	丰收的萝卜

表 2-4　各年段常见主题课程内容一览表（三）②

年段	主题一	主题二	主题三	主题四	主题五	主题六	主题七	主题八	主题九	主题十
小班	快乐宝宝	我爱我家	幼儿园真好	蚂蚁搬家	加油，宝贝	食物真好吃	小兔乖乖	玩具总动员	春来了，夏来了	宝宝真能干
中班	我的好朋友	好看的动画片	彩色空间	男女生不一样	欢乐家乡行	动物世界	快乐家庭	生活中的交通工具	快乐的新年	瓶瓶罐罐总动员
大班	我想当小学生	各种各样的桥	我的家乡，我自豪	线线总动员	我喜欢……	我们长大了	团团圆圆过中秋	我发现了……	绘本真有趣	服装博览会

作为教师开展主题课程的参考用书，在某种意义上，其实就是幼儿园主题课程实施方案，带有很浓厚的预设色彩。既然是一种预设、一种拟实施的课程方案，那么在编拟主题课程方案时，理应充分考虑主题课程内容的领域均衡性这一要素。

主题课程在实施过程中会出现一定的领域偏向问题，这属于正常现象。因而，笔者主张宜在拟实施的主题课程内容上，明确标识出该主题的领域偏向。将主题课程的领域偏向予以明确标识，有利于将一学期所开展的主题课程所涵盖的领域范围做较清晰的统计，便于及时纠偏，最大可能地确保主题课程的实施过程中不会出现领域失衡的现象（参见表 2-5）。

① 赵旭莹，周立莉．幼儿园综合主题活动：设计技巧与优秀案例［M］．北京：中国轻工业出版社，2014．(引用时有调整)

② 蔡伟忠，戚晓琼．幼儿园 30 个大主题活动精选：让工作更轻松的整合技巧［M］．北京：中国青年出版社，2016．(引用时有调整)

表 2-5 各年段常见主题课程内容一览表（四）

年段	学期	主题一	主题二	主题三	主题四	主题五	主题六
小班	上	幼儿园真好玩（社会）	小手真能干（健康）	秋天来了（科学）	熊的故事（语言）	缤纷糖果（科学）	各种各样的星星（艺术）
	下	从小爱运动（健康）	亲亲一家人（社会）	三只小猪（语言）	瓶罐乐园（科学）	石头大变身（艺术）	戏水乐（科学）
中班	上	身体探秘（科学）	我是猫（艺术）	牙齿小卫士（健康）	纸张变变变（科学）	小松树和大葵花（语言）	我的家乡（社会）
	下	朋友，你好（社会）	美丽的自然风光（艺术）	好吃的食物（健康）	会动的房子（语言）	水真有用（科学）	我爱劳动（健康）
大班	上	长大真好（社会）	我爱踢足球（健康）	我爱剪纸（艺术）	动物大世界（科学）	玩转绘本（语言）	我是中国人（社会）
	下	聆听大自然的声音（艺术）	管子总动员（科学）	好听的故事（语言）	保护自己办法多（健康）	各种各样的桥（科学）	上小学喽（社会）

二、主题课程目标拟定程序与表述要求

主题课程内容确定后，教师通常就需要考虑主题课程目标的拟定与表述问题。了解主题课程目标拟定的基本程序与表述的要求，有助于提升主题课程目标拟定质量，增强主题课程目标对主题课程实施的导向作用。

（一）主题课程目标拟定程序

一般而言，主题课程内容（即主题活动名称）确定之后，那么，该主题课程将由哪些具体的活动内容构成？这些具体活动内容又涉及哪些具体领域？现以大班主题课程“各种各样的船”为例，说明主题课程目标拟定的基本程序：主题（中心话题）—活动内容及涉及领域—主题课程所涉及相关领域的价值辨析—主题课程目标。

教师在思考主题课程的具体活动内容时，可以从活动（经验）取向和学科（知识）取向两个维度着手，且采用“活动（经验）取向为主，学科（知识）取向为辅”的方式进行。

一是活动（经验）取向路径，即基于幼儿兴趣与关注的视角。教师假设自己是幼儿，然后对主题课程的中心话题进行“头脑风暴”。就“各种各样的船”这个主题而言，幼儿感兴趣的话题可能有：为什么有的船是木船，有的是钢铁做的船？为什么船有的大、有的小？船上有红旗、船有眼睛，去博物馆见过有水密隔舱的古船……通过这样的“头脑风暴”，将幼儿可能感兴趣的“点”罗列出来，再来“组合”（归类整理）。以上面提及的若干个“点”为例，可以将其“合并归类”成“船的类型（可以按材质、造型、用途、大小等划分）”“船的结构（外形特征与内部结构）”等。

二是学科（知识）取向路径，即基于教育需要的视角。换言之，即教师想通过开展某个主题课程传递给幼儿某些有益的学习经验。比如教师想通过开展“各种各样的船”这个主题课程，让幼儿知道福建著名的“福船”“造船技术”“海丝贸易”等。但教师想让幼儿所了解的这些内容，未必就是幼儿所感兴趣的。

将基于以上两个路径而预设的活动内容进行汇总，便形成了该主题课程的具体内容，再依五大领域的划分方式，确定出该主题课程所涉及的具体领域范畴。假如统计后发现“各种各样的船”这个主题课程内容，主要涵盖了科学、艺术、社会三个领域，那么，再结合这三大领域的具体活动内容对主题课程内容进行价值辨析，进而拟定出该主题课程目标。

如经上述程序，所拟定出大班“各种各样的船”主题课程目标如下。

1. 了解船的主要造型与基本特征，了解常见船的类别及作用，了解船与人们生活的关系，愿意与他人讨论有关船的话题，体验参与探究各种各样的船的乐趣。

2. 初步了解船在古代“海丝”商贸中的作用，知道泉州港曾出土一艘宋代沉船残体，知道家乡的福船拥有水密隔舱这一先进造船技术，为家乡有悠久的“海丝文化”而感到骄傲。

3. 能用绘画、泥塑、建构等多种方式，与他人合作表征所了解或所设想的各种各样的船。

4. 能认真倾听他人想法，愿意主动分享自己关于船的想法、发现。

5. 能大胆运用多种颜料，选用自己所喜欢的颜色装饰船模，体验参与艺术创作活动的乐趣。

显然，上述关于主题课程目标拟定的基本程序，是以幼儿的兴趣、经验与关注点为中介，将主题课程内容与学习领域联系起来，即“主题—幼儿兴趣（含教育需要）—学习领域”；其带有较明显的过程导向，与目标导向为主的主题课程略有区别。目标导向为主的主题课程，其实施的基本过程为：主题课程内容（主题课程名称）—主题课程目标—主题课程实施中的具体活动—主题课程评价。

（二）主题课程目标表述要求

在目标表述要求上，主题课程目标与具体活动目标都强调目标的行为主体要一致，且主张从幼儿角度出发，即行为主体为幼儿。两者的不同点有两个：一是主题课程目标表述相对比较笼统，一般采用简单复合句的形式；具体活动目标则要求具体明确，且具有可操作性。二是具体活动目标的数量一般是二至三条，而主题课程目标的条目数量一般习惯上确定在五条左右。在主题课程五条左右的目标中，从心理发展维度来讲，要求要尽量涵盖认知、动作技能和情感态度类；从领域覆盖维度而言，则要求涉及尽可能多的领域。但如果某主题课程是偏向于某一领域，则在五条左右的目标表述上，往往会有两条左右的目标涉及主题课程所偏向的领域。比如主题课程是偏向于科学领域，则五条目标中通常会有两条直接涉及科学领域。“帽子秀”这个主题课程案例，偏向艺术领域，其四条目标中就有两条涉及艺术领域。

在主题课程目标的拟定上，有的教师会出现没有按照“内容—目标—活动（实施）”这一基本程序的情况，而是主题课程内容确定后，便直接进入主题课程具体活动的实施，等主题课程实施结束后，根据所开展的若干具体活动的目标，再来“归纳概括”主题课程目标。此“走回头路”的做法，有可能导致各具体活动目标因缺乏主题课程目标的总领性指导，显得较为零散，存在重复或出现缺乏必要的聚焦；也有可能因教师概括能力不到位，而使得主题课程目标的拟定出现过分零碎的现象。

主题课程目标的拟定，建议应严格遵照主题课程实施的基本程序，在具体操作上可以由两位教师进行适当的分工与合作，比如某教师主要负责某一主题课程目标的拟定，而另一位教师协助；反之亦然。当然，在目标导向为主的主题课程实施过程中，尽管要求在实施之前需要拟定相应的主题课程目标，但这个预设的主题课程目标并非意味着不能改变，而是应根据主题课程实施的具体情况做灵活调整与完善。

第三章　主题课程网络图及其编制

在课程实施过程中，主题课程与领域课程最直接的不同之处便是主题课程往往需要编制课程网络图，并以一定的方式加以直观形象地呈现。了解主题课程网络图的类型以及主题课程网络图编制的基本方法，也是教师实施主题课程的一项专业基本功。

一、主题课程网络图的含义

主题课程网络图，也称为主题网、主题纲、主题树、主题概念网等，是指通过一定方法将与主题相关的一系列概念进行归纳整理，并以一定的逻辑层次和“网状”的形式加以呈现。编制主题课程网络图，往往是开展主题课程之前的一项重要工作，其目的就是厘清主题课程开展的头绪，展示出主题课程各活动内容及其相互之间的层次和关系。

在经典主题课程模式如陈鹤琴的“五指活动课程”和张雪门的“行为课程”中，没有编制主题课程网络图的环节。应该说，目前在主题课程实施过程中，主题课程网络图纯属图像时代以及当下人们思维方式的产物，其最为典型的莫过于各种思维导图模板在主题课程网络图编制中的灵活运用。

主题课程网络图表示的是主题课程实施过程中的走向或路径。一份完整的主题课程网络图的产生过程应该是这样的：预设于课程之前，调整于课程之中，完善于课程之后。总体而言，编制主题课程网络网，是教师对主题课程的准备工作是否充分的一种体现。主题课程网络图的主要功能体现在如下三个方面[①]：一是能够让教师充分调动起与主题相关的知识经验，并通过对这些相关信息的条分缕析，增强教师对主题理解的深度与广度，避免停留在局

---

① 刘霞. 幼儿园主题教育课程中主题网的功能与基本类型［J］. 学前教育研究，2011（3）.（引用时有调整）

部或表层，从而能更有效地选择与整合课程内容。二是能够让教师逐步明确主题课程学习的内核，确定相应的主题课程目标，并由此做好主题课程具体的实施方案，而不至于因为课程主线不明确而天马行空，使课程活动轨迹走向无序与随意。三是能够增进教师与幼儿间、幼儿与课程间的互动。幼儿参与编制主题课程网络图的过程（即就某一主题进行联想、讨论与交流的过程），有利于教师了解幼儿关于主题的原有经验和认识，并在此基础上寻求和发现可以并值得延伸、扩展及深入探讨的课程内容，随机生成新的主题，综合提高教育效果。师幼共同编制主题课程网络图的过程，也可以使幼儿从教师和同伴那里获得有关的经验和想法，充实和扩展自身的有关认识。

二、主题课程网络图的类型

主题课程网络图是由各具体课程内容的集合体组成的。“集合体”是以什么形态存在的以及互相交错的各“集合体”间又呈现出何种逻辑关系，其实与教师对幼儿园课程的概念理解密切相关。比如持幼儿园课程“目标说”者，可能就会以幼儿教育目标或发展需求作为编制主题课程网络图的依据；持幼儿园课程“内容说”者，在编制主题课程网络图时可能就会以学科（领域）的相关知识或概念为准；持幼儿园课程“活动说”者，则可能会以幼儿的兴趣、经验与关注点作为主题课程网络图的编制逻辑。因教师课程观的不同而产生了主题课程网络图的三大类型，即幼儿学习与发展目标导向型、内容（或概念）相关联型、儿童经验导向型。

主题课程网络图的类型，除了可以按编制逻辑所反映出的课程观的不同划分出上述三大类型外，也可以从所呈现的图形的明显差异直观地划分为六种常见类型。

（一）网状主题课程网络图

网状主题课程网络图，顾名思义就是主题课程网络图以网状形态呈现。居该网络图中心位置的一般就是主题名称。主题实施中所预设的各个活动依一定的逻辑关系逐级展开，形成以主题名称为中心的包围状或半包围状的网络。一般教师所呈现的网状主题课程网络图，除经典式（参见图 3-1）外，还有两种变式（参见图 3-2、图 3-3）。

图 3-1 所展示的是属于比较经典的网状主题课程网络图。该网络图将主题内核信息进行“剥洋葱式”的分解，再将所分解出来的每一级信息以及相应的活动依次呈现。这种网络图往往比较适用于以预设为主的主题课程，即事先对该主题课程的可能走向与所产生的活动做较丰富的预设。这种网络图显示出教师的预设非常丰富，而实际上有的活动在具体实施中可能没有与幼儿的兴趣合拍，导致没有实际开展。采用这种网络图通常会用虚线表示预设，用实线表示具体实施；或是用虚线表示教师预设，用实线表示幼儿自主生成，用虚线与实线并行表示师幼共同产生，图 3-1 便是如此。

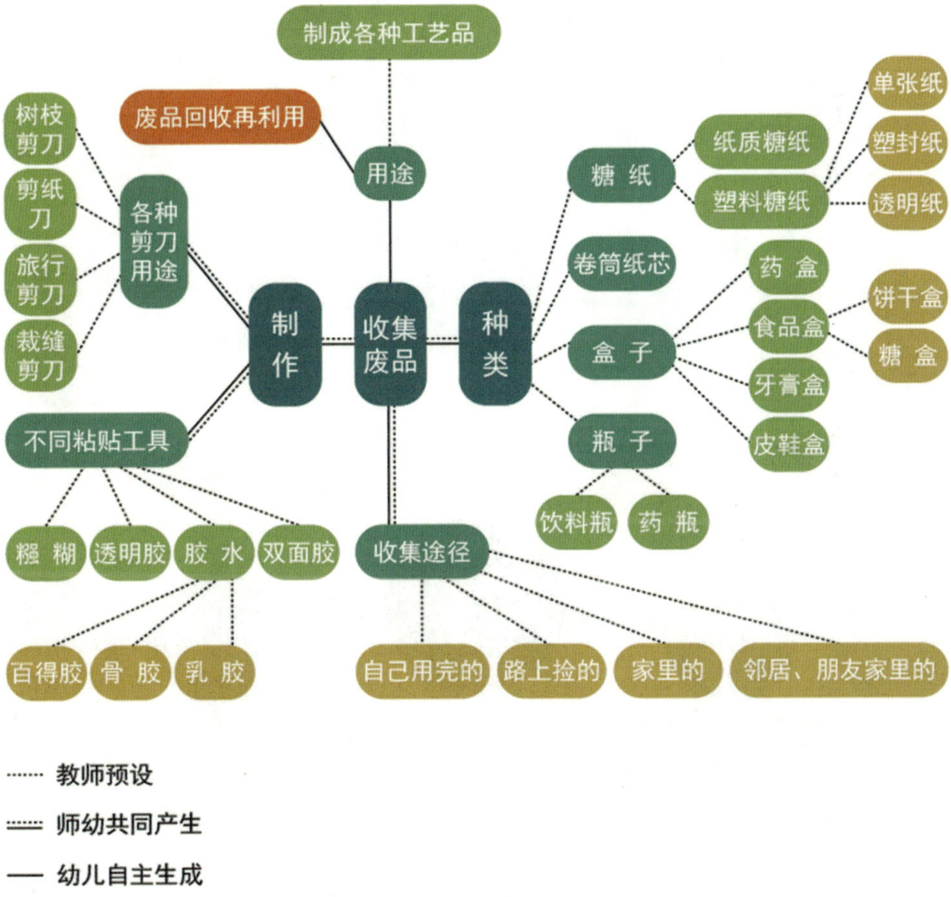

图 3-1 网状主题课程网络图①

① 上海市教委教研室. 幼儿园探索型主题活动实施与案例［M］. 上海：上海科技教育出版社，2001：132。

图 3-2 是属于分支状主题课程网络图。每个小分支往往代表着某一子主题的内容与相应的活动，而不同子主题的信息容量不同，其所衍生的相应活动数量也不尽相同，即不同分支可能存在着长短或“粗细”的不同。这种主题课程网络图，从整个图形来看是属于不规则的，比较适用于生成型主题课程。

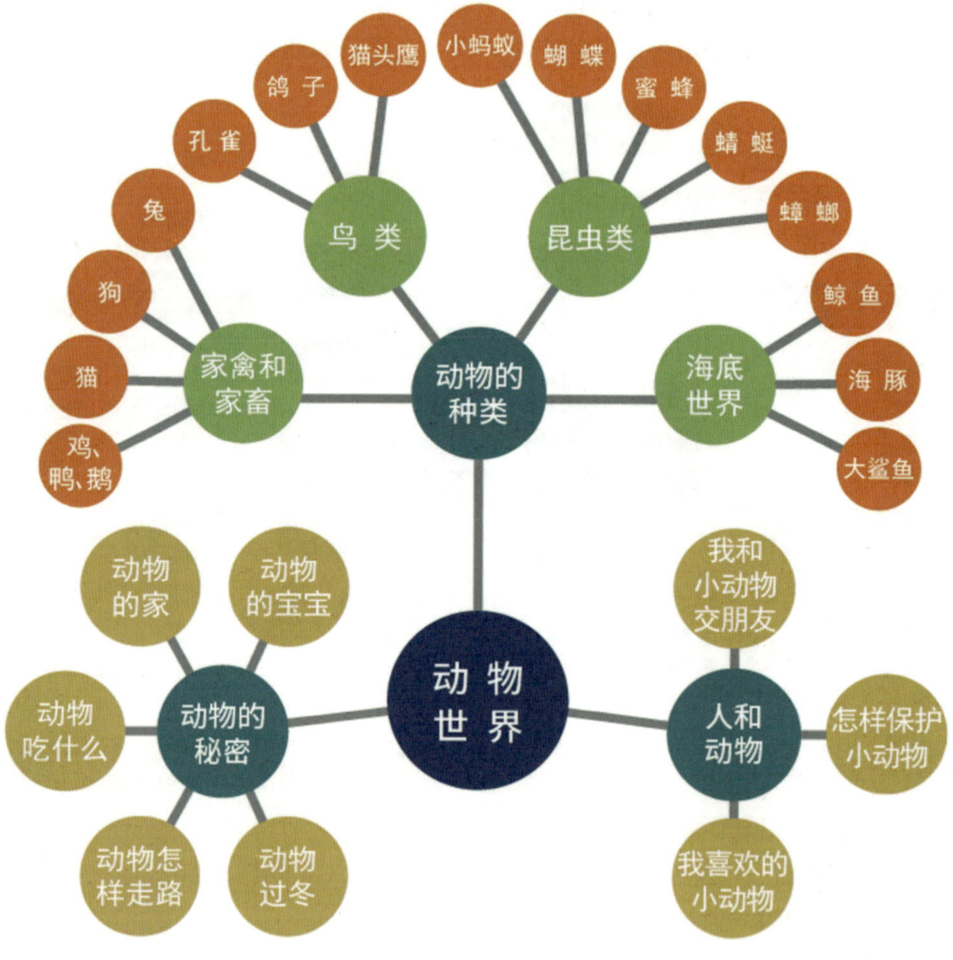

图 3-2 分支状主题课程网络

图 3-3 是属于伞状（蜘蛛网状）主题课程网络图。该网络图将各个活动所属的领域明确加以标注，可以比较直观形象地看到各领域活动在该主题课程

中的比重，但制作相对复杂且所能展示的活动数量比较有限。

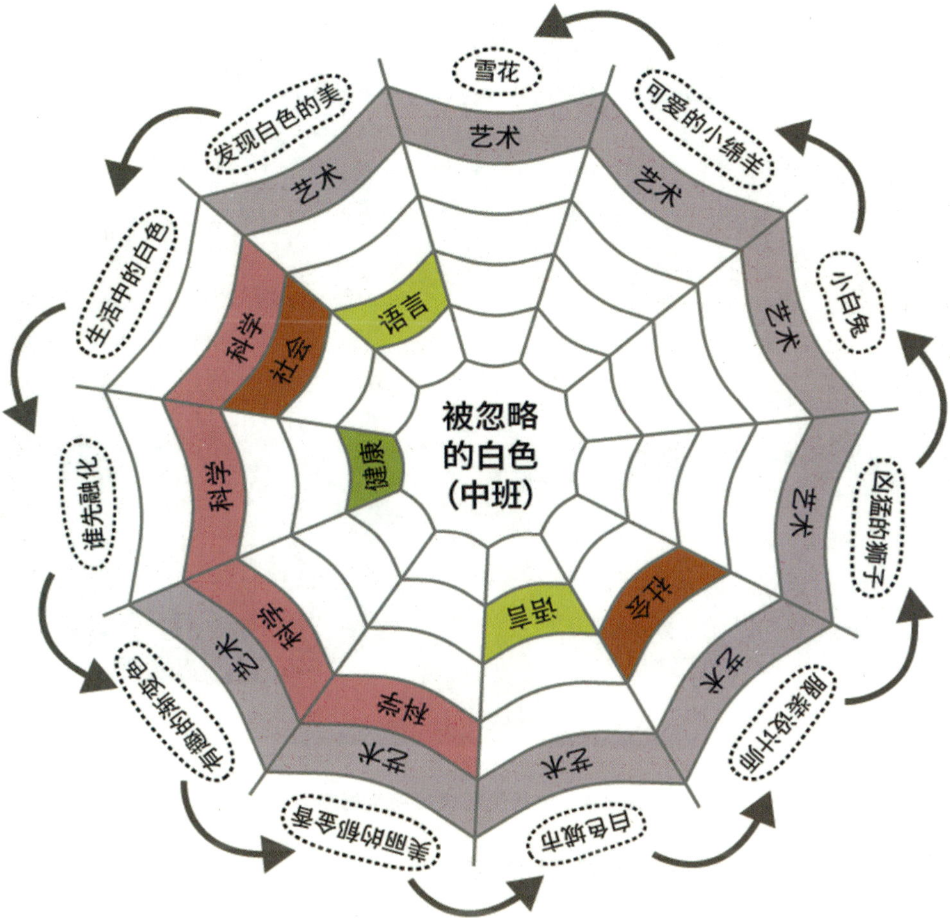

图 3-3　伞状（蜘蛛网状）主题课程网络图①

（二）树状主题课程网络图

树状主题课程网络图，也称为主题树，一般将主题课程名称置于树干部分，而将主题课程实施的活动脉络以树枝的方式呈现（参见图 3-4）。其寓意是主题课程像大树那样生长，主题树中空白的地方是为幼儿生成活动预留的空间。

① 浙江师范大学杭州幼儿师范学院幼教集团. 故事在主题中开始：蛛网式幼儿园主题活动案例集［M］. 杭州：浙江大学出版社，2011：67.

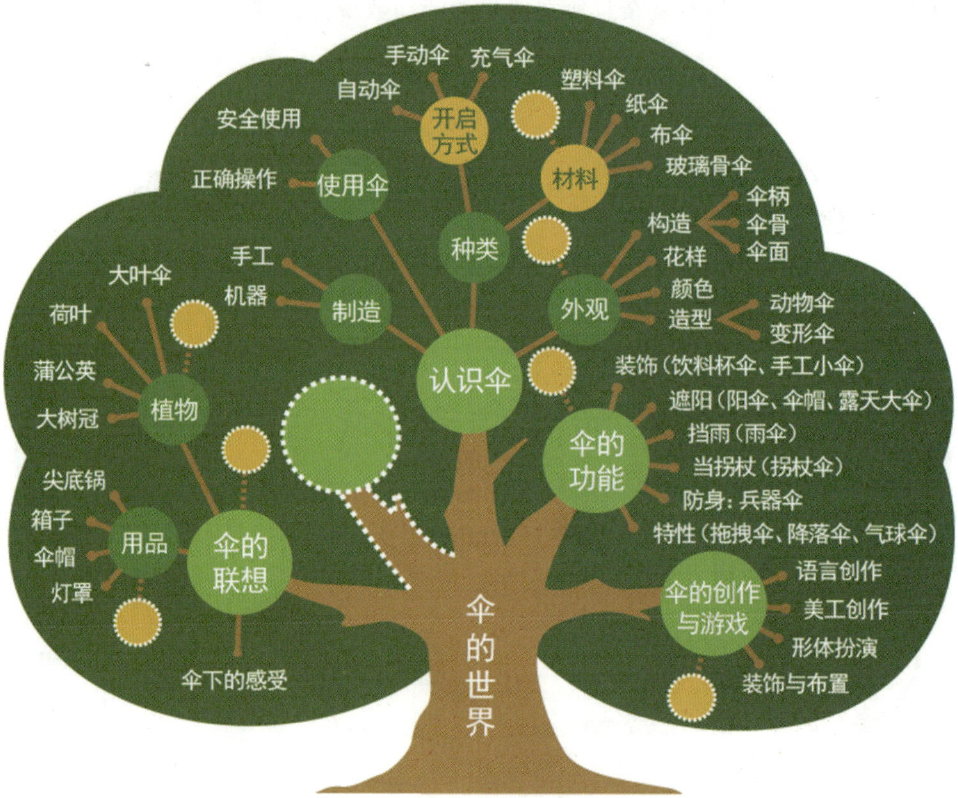

图 3-4 树状主题课程网络图①

（三）饼状主题课程网络图

饼状主题课程网络图，居于图中心的依然是主题课程名称，从圆心处分割的五个扇形分别表示了五大领域的名称以及各领域相应的目标（参见图 3-5）。饼状图外分别写明主题实施各个具体活动内容、实施途径及所属领域。与前面的网络图相比较而言，饼状主题课程网络图增加了各领域目标，即该主题目标分解到各领域的子目标，有助于增强目标意识。其明显的不足在于：一是过分强调对五大领域的覆盖，即领域的均衡性，易导致拼凑现象的存在，且带有较强的“学科取向”所应承载的目标；二是从网络图上无法呈现主题课程的各个具体活动间应有的逻辑关系。

① 陈福静. 幼儿园主题活动的设计与实施策略［M］. 北京：中国轻工业出版社，2016：68.

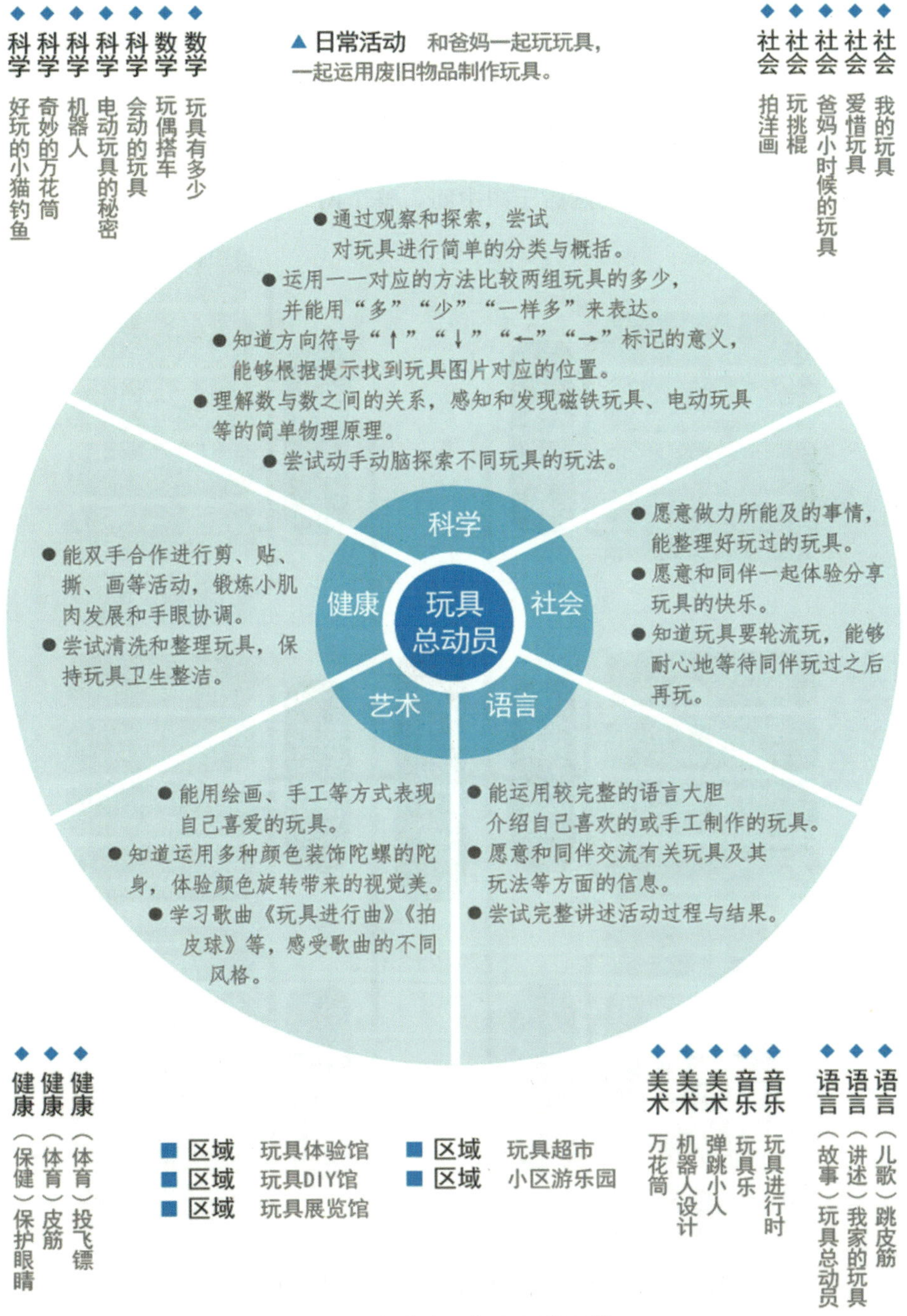

图 3-5 饼状主题课程网络图①

① 李建军. 幼儿园课程概论［M］. 南京：南京师范大学出版社，2018：103.

（四）径向结构状（左右分支状）主题课程网络图

用思维导图的模板来制作主题课程网络图，应该是目前比较常用又便捷的一种制图方式。径向结构状（左右分支状）主题课程网络图便是其中之一（参见图 3-6）。主题名称仍然居于图中间，整个网络图的内容分布于左右。图

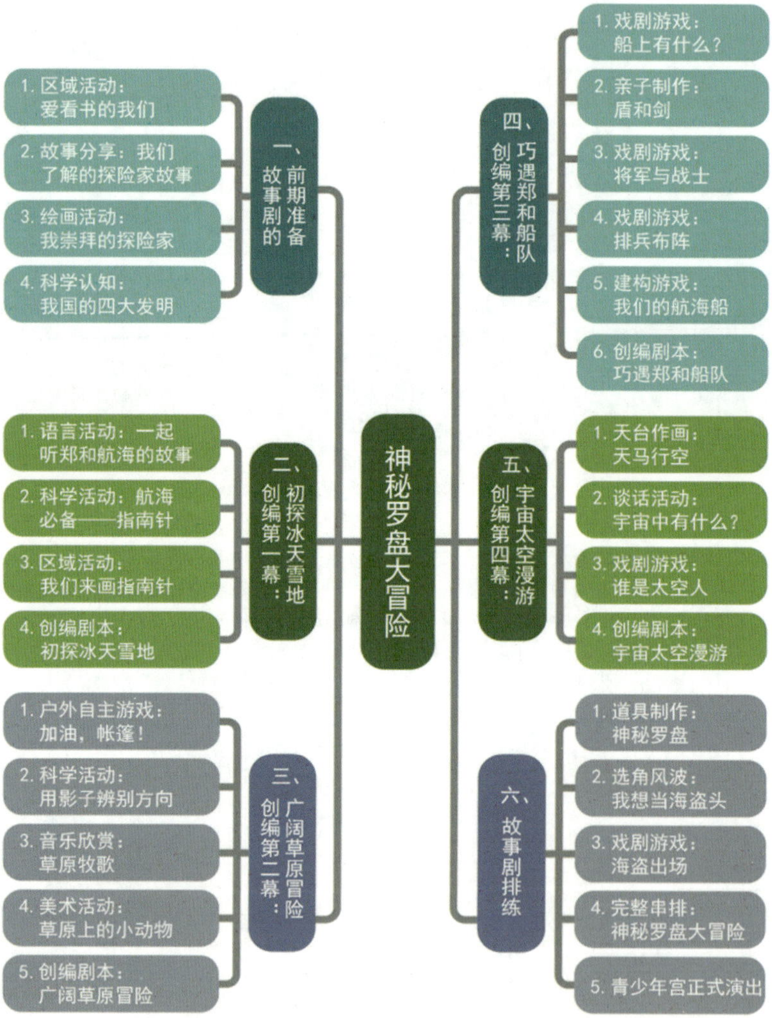

图 3-6　径向结构状（左右分支状）主题课程网络图①

① 选自福建省泉州市丰泽幼儿园大班故事剧主题课程“神秘罗盘大冒险”，由付毅芳提供。

3-6 中将故事剧主题课程的六个阶段均分于左右，左边是前三阶段，右边是后三阶段。每个阶段包括了具体的活动内容、活动组织形式或途径以及活动的性质。采用该类型的网络图来呈现主题课程实施情况，除了思维导图模板本身所独具的制图上的便捷性外，主题课程推进的顺序清晰，同时也便于教师将所生成的内容及时加入其中，能够比较完整地呈现整个主题课程实施情况。

（五）鱼骨状主题课程网络图

鱼骨状主题课程网络图，主题名称居于鱼头位置，从鱼尾到鱼头这条鱼骨表示着主题实施的几个主要阶段或几个子主题。每个阶段或子主题的具体活动，则分别分布于鱼刺之中（参见图 3-7）。采用这种网络图来呈现主题课程实施情况，可以一目了然地呈现出主题课程推进的各阶段的顺序以及各阶段所包含的具体活动内容。由于受鱼骨形状的制约，这种形式的网络图可能比较适合于小主题课程，即容量比较小的、实施时间比较短的主题课程。

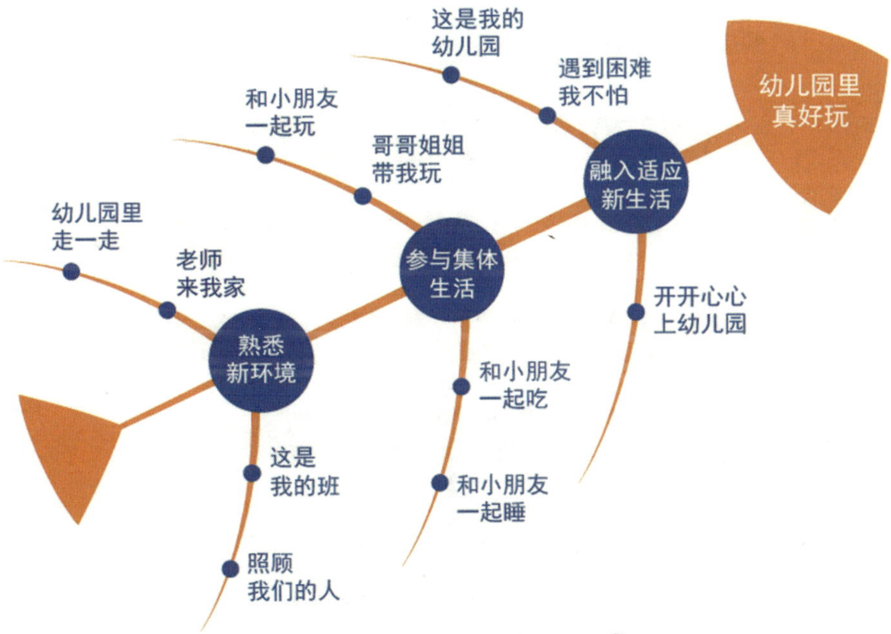

图 3-7　鱼骨状主题课程网络图①

① 南京师范大学幼儿园课程资源编写组. 生活·活动·经验：幼儿园课程资源［Z］. 内部资料，2019.

（六）递进状主题课程网络图

递进状主题课程网络图，通常适用于单领域主题课程，即围绕某一话题开展的系列活动。单领域主题课程中，主题推进的各具体活动间存在较明显的递进关系，如大班科学领域系列活动“香喷喷的米饭从哪里来”（课程网络图参见图 3-8）。

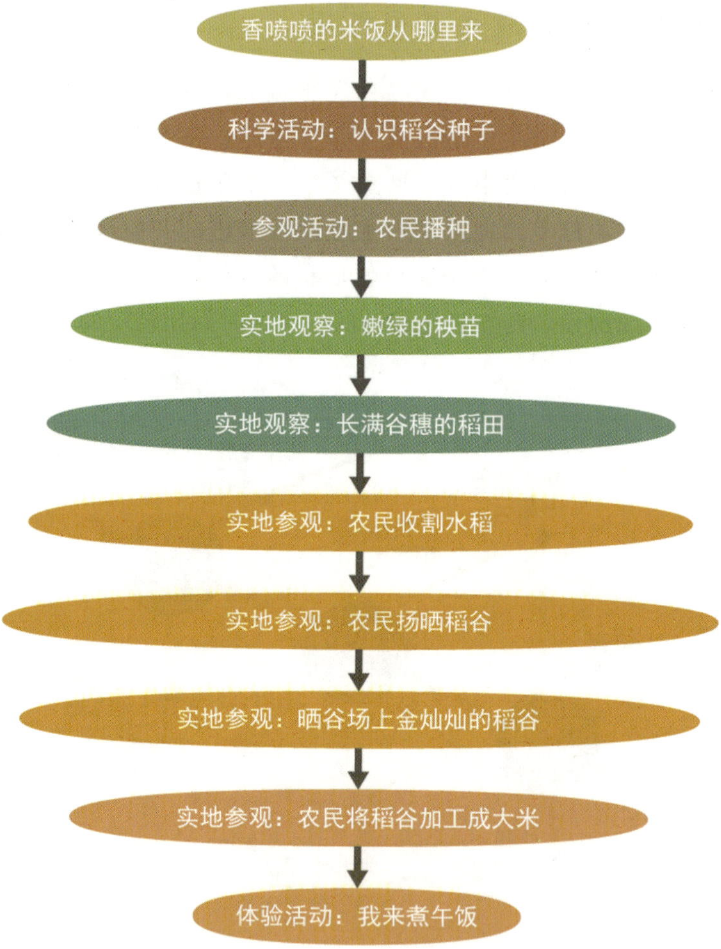

图 3-8　递进状主题课程网络图

“香喷喷的米饭从哪里来”这一主题课程，根据事物发展的时序设计了系列化探究活动。此主题课程除了有利于帮助幼儿建构整体的活动经验，更为重要的是通过教师所设计的系列化探究活动，支持幼儿养成对事物进行深入探究的好习惯以及学习相应的探究方法。

金教鞭

随着思维导图模板在主题课程网络图编制中的运用，呈现出来的网络图更为直观形象、形式丰富多样。一幅高质量的主题课程网络图，除了直观形象、具有一定的美感且便于制作外，还应该能将主题课程实施情况做比较清晰的呈现，如可以在每个活动名称前标识序号，以示主题课程各具体活动开展的先后顺序。

这里需要特别说明的是，上述主题课程网络图主要是供教师与家长使用。幼儿园在实施主题课程时，需要将主题课程网络图张贴在“家园联系栏”，让家长知道幼儿园近期所开展的活动，以便于更有效地加强家园共育工作。在主题课程方案进入实施阶段后，教师有必要将成人版的主题课程网络图转换为图文并茂的、提纲挈领的、幼儿感兴趣的、一目了然的主题课程推进图，展示在主题墙上，并作为主题课程实施中重要的环境创设内容。比如某园在大班开展故事剧主题课程，教师将该故事剧要演出的四个剧目分别展示出来，每个剧目分别占据一定空间，在每个剧目的空间里再分“台词”“角色”等有待幼儿去逐步填补的“空白”（参见图 3-9）。当然，该案例尚存在着文字偏多

图 3-9　大班故事剧主题墙①

① 本图片由泉州市温陵实验幼儿园李葱葱、张丽治提供。

的不足，可以多采用“图夹文”（以图为主，文字为辅）的形式进行展示，并尽量将幼儿前阅读与前书写经验的培养融合进去，比如“火焰山”就可以用一团火表示，或是台词由幼儿口述、教师用规范汉字记录后，再请幼儿用水性记号笔描写上去。

随着主题课程推进的主题墙，既可以让幼儿清楚主题课程推进的顺序，即明白主题课程的推进思路，有助于幼儿在经验等方面做相应的准备，同时也利于幼儿利用活动之余去回顾主题课程走过的足迹，便于幼儿去关注与讨论，从而也利于幼儿生成相应的活动。

三、主题课程网络图的编制

主题课程网络图的编制，其实就是将主题课程实施的各个具体活动，以一定的逻辑关系加以直观地图示化。因而，编制主题课程网络图的首要工作便是分析主题课程的可能走向，在此基础上采用适宜的主题课程网络图类型加以呈现。

（一）因素分析法

因素分析法，指的是按一定的思路对主题所包含的基本概念进行深入的剖析，所剖析得到的概念间依一定的逻辑关系、以主题为核心逐级展开，概念与次概念共同构成主题课程展开的基本路径，并以此路径作为设计具体活动的依据。如主题课程“好吃的食物”①，经分析可知其下的概念可能包括食物的来源、食物的种类、食物的烹调、食物的保存、食物的选购、食物的营养等；在“食物的种类”概念下，可能有五谷类、果蔬类、油脂类、肉类、鱼类、奶类、蛋类等次概念；在“食物的保存”概念下，可能有腌渍法、冷冻法、真空法等次概念……这些概念与次概念共同构成主题“好吃的食物”展开的路径，再依这些概念与次概念设计相关的活动。

① 周淑惠. 幼儿园课程与教学：探究取向之主题课程 [M]. 台北：心理出版社，2006：104.

因素分析法大致有三种方法①：要素分析法、活动分析法和问题分析法。

要素分析法，指的是在主题课程可能走向的设计中，以主题核心所包含的基本要素为依据进行合理联想。这些基本要素往往也是人们对某一事物或某一现象做全面了解的基本维度。比如要了解一座房子，人们会从构成这座房子的基本要素，如门、窗、墙壁和屋顶等去进行仔细考察。要了解自然现象，人们则一般会立足于特征、成因、种类、与人类的关系等视角。要观察认识某种常见的动植物，人们会从外形特征、生活习性或生长特点、种类、功能等角度切入（参见图 3-10）。

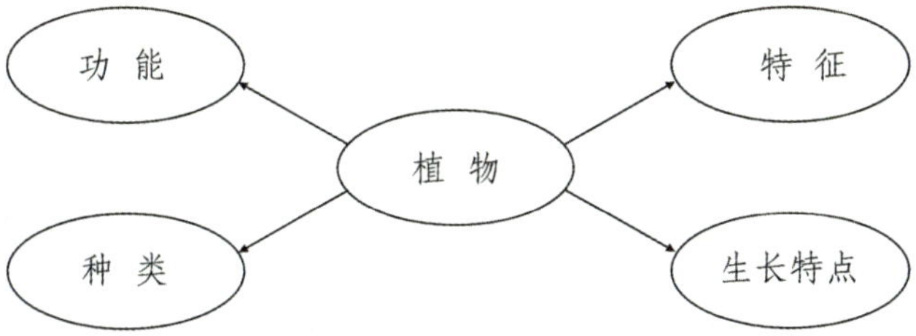

图 3-10

由这些基本要素再衍生出二、三级的活动，比如由植物的生长特点衍生出土培、水培以及区别植物喜阴、喜阳等；由植物的特征衍生出有果实的植物与无果实的植物，再由有果实的植物衍生出植物果实的各种类型。

活动分析法，指的是以该主题课程核心所引发的基本活动为依据，这些活动的发生具有时间上的先后顺序，即先发生（做）什么、再发生（做）什么、接着发生（做）什么、最后发生（做）什么。如主题课程“桥梁”，围绕桥梁认识的基本活动，主要有“桥梁图片资料收集”“桥梁建造视频资料收集”“实地观察”“设计与制作桥梁”等。显然，认识桥梁的这些活动是有先后顺序的，先有感性认识与经验积累，才有桥梁设计与制作的参与性体验活动（参见图 3-11）。

① 虞永平. 生活化的幼儿园课程［M］. 北京：教育科学出版社，2009：102.（引用时有调整）

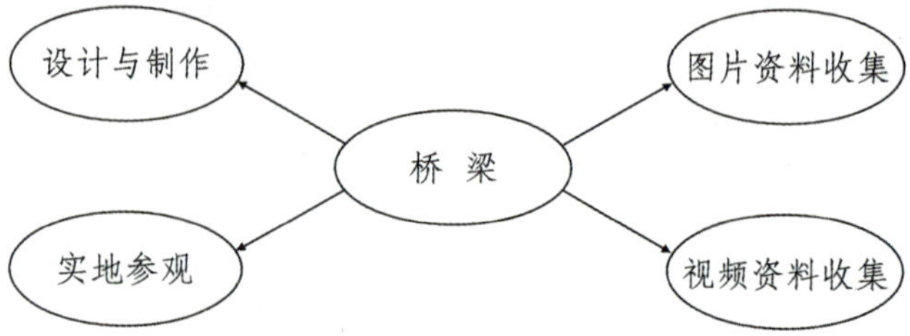

图 3-11

该主题课程还可能再衍生出其他活动，比如认识桥面上的各种各样的汽车，由汽车再引出常见交通工具等二、三级主题活动。

问题分析法，通常适用于该主题课程所蕴含的核心信息本身就属于一个“问题”的情况，由这个“核心问题”引发相关联的系列“次问题”，从而构成单元主题活动的网络图。如主题课程“火灾”引发相关联的问题：为什么会发生火灾？火灾的现场是怎样的？怎样预防火灾？发生了火灾怎么办？由这些问题又可以进一步延伸相关问题，如“火灾的现场是怎样的”可以进一步延伸：人们是怎样逃生的？火是怎样被扑灭的？……这些细化的问题可引发幼儿进一步回忆、调查、讨论和模拟等（参见图 3-12）。

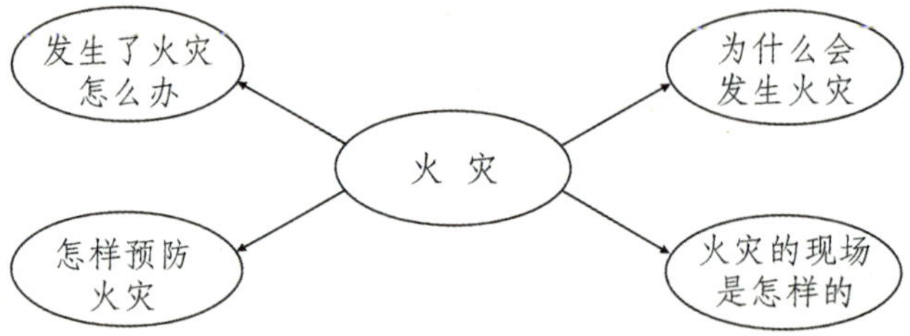

图 3-12

（二）“头脑风暴法”

“头脑风暴法”，也称为“头脑激荡法”，它是项目活动课程在制作主题网络过程中的首要步骤。主题课程网络图的编制，也可以借鉴这一方法。主题课程网络图所采用的“头脑风暴法”，指的是暂时将头脑放空，立足于幼儿的视角，并调动起与所要“风暴”的话题相关的所有知识经验，围绕所要“风暴”的话题的可能走向，即幼儿可能感兴趣与关注的话题，进行天马行空式的假设或联想，打破思维惯性与成人视角，将话题走向的各种可能构思出来，使之更贴近幼儿的生活世界，为主题课程日后的顺利实施奠定基础。

教师在采用“头脑风暴法”构思主题课程的各种可能走向时，一般是先放松自己，尽量清空头脑中与主题无关的“杂念”，并在面前放置笔与一张大的纸。进入“头脑风暴”状态时，教师要将在头脑中闪出的与主题相关的信息比较迅速地在纸上记录，不必去考虑该想法是否具有可行性或者是否会觉得很荒唐，也不必考虑要在纸上做很清楚的记录（以自己能看懂为准）。到了“头脑风暴法”结束即思维已经无法自由驰骋之时，教师再回过头整理刚才在纸上所做的记录。整理的过程就是先将相关或相近的想法进行归类与合并，进而给归类、合并后的想法命名，最后再根据一定的逻辑关系连成网络，并以一定方式将其图示化，即编拟出主题课程网络图。

幼儿园的主题课程通常是以班级为单位而实施的，因而，班级两位教师都有义务与责任来为主题课程的可能走向进行一番“头脑风暴”，尽量发挥出“1＋1＞2”的备课效果。建议在采用“头脑风暴法”构思主题课程可能走向时，两位教师切忌坐在一起面对面边谈边想边记，应分别独立开展，并在独立开展的基础上再来面对面交流。通过交流，两位教师互相取长补短，并根据实际情况进行适当的增删，或是在一个学期中对主题课程可能走向的预构思进行适当的主次分工。比如本学期的第一个主题课程的网络图由甲教师主要负责，乙教师进行补充完善；第二个主题课程的网络图则由乙教师主要负责，甲教师积极配合。

（三）调查统计法

了解幼儿的经验水平与认知特点、关注幼儿的兴趣动态，这是“以学定教”原则在主题课程实施中的题中应有之义。主题课程内容的产生与实施，都离不开对幼儿的关注与了解。实践表明，越是贴近幼儿生活的主题课程，其实施效果越明显且有意义。幼儿在主题课程实施过程中也往往较能表现出主动性与愉悦性。

了解与关注幼儿的途径和方式多种多样，如观察幼儿行为、倾听幼儿之间的谈话或直接与幼儿谈话、分析幼儿作品、向家长了解幼儿的情况等。笔者认为在筹划主题课程实施路向伊始，可以通过向家长发放问卷调查的方式，了解幼儿对即将实施的主题课程内容的了解与关注情况。如在中班主题课程“蔬菜一族”中，教师设计了一张主题前期调查表，编拟的题目有：“您家经常买的蔬菜有哪些？孩子知道的有哪些？孩子有和您一起买菜的经历吗？您觉得在这个主题中可以为孩子准备什么？您的孩子对蔬菜的什么话题最感兴趣？作为家长，请您为蔬菜主题设计一个亲子活动……”①

观察分析幼儿行为、倾听幼儿间的谈话或直接与幼儿谈话、分析幼儿作品，则更适合运用于主题课程实施过程之中，并根据所获取的信息进行课程层面的价值评估，再对主题课程实施走向进行相应的调整。

基于编拟主题课程网络图之需的问卷调查，其调查内容无非是关于幼儿对主题课程内容的已有了解，以及幼儿对课程内容的关注方向，即“想怎样玩”“想知道什么”。在问卷题目编制方式上，对于教师已有比较明确“答案”的问题可以采用封闭式题目，而对于教师想了解的未知信息则建议采用开放式题目，如“您的孩子对班级即将开展的‘动物世界’这个主题课程，他（她）最关注什么？（请用‘1、2、3……’等表示您孩子关注的程度，‘1’表示最关注，依此类推）”。当然，教师在编制问卷题目时，还应适当考虑如何整理统计收回的信息。

教师在编制问卷时，还应注意拟好“前言”与指导语。“前言”主要对开展这次调查的目的以及问卷完成时间做简要说明，以消除家长的顾虑，激发家长参与的热情。指导语主要是用来指导家长如何作答以及作答的要求，必要时可以附上样例。指导语要求简洁明了，用语恰当，便于理解。

问卷收回并整理统计后，教师可以将已获得的相关信息，结合班级集体交流讨论等方式进行进一步的聚焦，最后再将聚焦后的信息运用于网络图的编制。

① 林晓丰. 幼儿园班级主题墙创设的教育价值及其优化策略 [J]. 湖北广播电视大学学报，2012（10）.

鉴于主题课程所带给幼儿的应该是“大概念”的相关经验，“大概念就是一个概念、主题或问题，它能够使离散的事实和技能相互联系并有一定意义”[①]。以上所介绍的三种方法，前两种是基于教师的专业素养、以教师视角来直接构思主题课程网络图，教师可以根据个人习惯与专业水平选用其中一种；后一种是了解幼儿相关信息的一种手段或方式，笔者认为可以将其作为前两种方法的辅助手段配合使用。而在主题课程网络图编制的具体运用中，主张网络图的第一级以“学科（知识）逻辑”为主，即以因素分析法为主，而通过“头脑风暴法”与调查统计法获得相关信息，为因素分析法的使用服务。而在第二级开始以“活动（经验）逻辑”为主，以幼儿对话题所感兴趣的具体问题为活动推进线索。

---

① 〔美〕格兰特·威金斯，〔美〕杰伊·麦克泰格. 追求理解的教学设计［M］. 2版. 闫寒冰，宋雪莲，赖平，译. 上海：华东师范大学出版社，2017：6.

第四章　主题课程环境与创设

如果说集体教学活动、区域活动等是主题课程实施的主要途径，那么，主题课程环境的创设则是主题课程实施的重要途径。主题课程环境直观而集中地反映了主题课程的实施进程与实施效果。因而，创设有效的主题课程环境，已是幼儿教师一项具有高创造性的专业技能。

一、主题课程环境创设的基本内容

幼儿园班级环境创设中，常见的墙饰内容主要包括生活常规墙、自理能力操作墙、区域与游戏自选墙、班级文化墙、师幼互动墙（幼儿将各种想法或问题张贴在此）、幼儿作品展示墙、主题墙等。主题课程环境主要包括主题墙、与主题相关的区域活动材料和环境。

其中，主题墙是班级环境创设的重头戏，也最考验教师的创造性劳动水平。主题墙的“墙”，其所表示的是主题课程环境创设呈现的载体或地方，因而本书中的“主题墙”不仅包括室内或走廊等处可用于粘贴的平面墙面，也包括玩具柜等家具的台面、侧面、背面或室内窗台面，天花板下可悬吊的立面空间，立放于地面的主题展板等。呈现在主题墙上的内容包括调查表、幼儿作品、活动照片（图片）、文字记录等。

主题墙是主题课程环境创设的核心内容。主题墙是主题课程实施的途径之一，是为主题课程的实施而服务的。由环境即课程观之，主题墙也是主题课程本身，反映了主题课程的学习内容、学习过程与学习成果。

二、主题课程环境创设的主要意义

（一）有助于幼儿明确主题课程的基本走向

如果教师能够在主题墙上将主题课程脉络图以图文并茂的形式呈现出来，

即事先展示主题课程实施的走向，那么幼儿便可从中直观地获知近阶段班级所开展的主题课程的内容以及即将开展的活动。这样的主题课程环境，既可以引起幼儿的关注与期盼，也有助于幼儿有意识地准备与积累相关经验。

当然，主题课程实施伊始所展示给幼儿的仅是主题课程实施的“骨架”，至于“骨架”上的“肌肉”以及或许还会生长的“骨架”与“肌肉”，则是在主题课程实施过程中由师幼共同完成的。

（二）有助于幼儿回顾主题课程走过的足迹

在创设主题墙的过程中，教师会将主题课程实施过程中幼儿参与具体活动的照片（整个主题课程环境创设中，应确保班上的每个幼儿都有较均衡的出镜机会），完成的绘画、手工或建构等作品的照片，编拟的故事、儿歌、台词、想法与问题等，以图配文的方式加以呈现。这些有关幼儿在主题课程中走过的足迹，教师应有意识地引导幼儿利用晨间入园、放学离园、区域活动、餐后等自主支配的自由活动时间去关注与观察。

幼儿通过观察主题墙，便可以将自己参与主题课程的过程做个简单的回顾，加深活动印象，并及时对所获取的经验做简单的梳理。幼儿观察、欣赏主题墙，也利于他们了解同伴参与主题课程的活动情况，及时向同伴学习。回顾有利于幼儿对自我参与主题课程的状态做相应的调整，有利于他们以更好的状态进入主题课程下阶段的相关活动。

（三）为幼儿获得多方面发展提供机会

幼儿对主题墙的关注，利于幼儿观察能力的培养。幼儿在关注主题墙的过程中，通常也会与同伴围绕所共同关注的事件进行讨论、交流。这有利于锻炼幼儿的口语表达能力。主题墙本身所要求的艺术性，如造型美、色彩美等，有利于幼儿在与主题墙的互动中提高审美能力。主题课程脉络图所展示的活动有序推进，有利于幼儿有序思维方式的培养。教师邀请幼儿参与主题墙的创设工作，彰显幼儿的主体性，有利于幼儿动手能力与解决问题能力的提高。

如此观之，主题墙也是幼儿的学习与发展“墙”（地方）。主题墙的创设能为幼儿获得多方面发展提供宝贵的机会。

（四）为教师生成相应的活动创造可能

高质量的主题墙能引起幼儿的关注并与之积极互动。教师可以通过观察幼儿与主题墙的互动情况，从幼儿间的交流谈论、幼儿对主题墙内容聚焦的频率等方面，去捕捉幼儿的兴趣与关注点。如在开展“冬天来了”的主题课程过程中，师幼共同在墙上布置了“冬天，我们穿什么”后，教师在另一面墙上布置冬天的景色，在大树上挖许多可开关的洞，放一两个动物玩具。活动间隙，常有幼儿围在边上议论不休，教师等时机成熟，顺势生成了另一个子主题课程“动物怎样过冬”。①

教师可以通过关注幼儿的关注点而获取相关信息，研判主题课程预设的走向与幼儿关注点的契合度，并根据研判情况对主题课程的实施做出相应的决断——是否生成了相应的活动？所生成的活动适合以何种方式在何时实施？所生成的活动与主题课程预设的实施方向或进度是否一致？若不一致，是否合理？……

三、主题课程环境创设的基本要求

主题课程环境创设，既是主题课程实施的重要途径，也最能反映教师的课程观。教师对主题课程环境的认识不同，其所提出的主题环境创设的要求、创设的方式以及创设的质量也不尽相同。

（一）主题墙创设的基本要求

1. 合目的性

合目的性，指的是主题课程环境的创设应为主题课程的有效实施而服务，应有效呈现主题课程内容、课程走向与课程进程等信息，并能吸引幼儿的关注，使幼儿能主动与之互动。人们常说的从班级的环境创设就可以获知该班幼儿近期在探讨什么样的主题课程，便是这个道理。但这里所谓的与“主题课程”具有对应关系的“班级的环境创设”，主要指的是主题墙。

如前述可知，主题墙只是班级环境创设的核心内容，但不是全部内容。

---

① 何玲. 发挥主题活动中墙饰的教育功能［J］. 基础教育研究，2009（11）.

在主题课程实施过程中，没有必要强制性地要求教师在班级的环境创设中都必须冠以主题课程的色彩，以避免教师由于为了突显与主题课程内容的关系，而出现“拉郎配”式的生搬硬套的做法。如果每次主题课程的开展，班级所有的环境创设都必须与之相匹配，势必无形中增加教师无谓的负担，从而滋生教师对主题课程实施的畏难情绪。

2. 主体性

环境即课程。环境是幼儿学习与发展中的“无言之师”。对幼儿而言，参与环境创设既是他们与环境直接互动并在互动中获得学习与发展的机会，也是他们作为教育活动中的主体在环境创设中的直接体现。况且，主题课程环境创设，终归说来是为幼儿服务的。既然是为幼儿服务的，幼儿是环境创设的服务对象，那么只有让幼儿直接参与其中，才能使所创设的环境真正体现幼儿的需要、符合幼儿的真正需求。

一言以蔽之，主题课程环境创设的主体性，指的是幼儿在其中居主人翁地位。当然，这个“主人”需要成人的指导。在主题课程环境的具体创设中，幼儿的“主体性”便是在教师指导下幼儿所拥有的一种主动参与的权利，且这一权利应在活动中得以直接而充分的体现。

在教育实践中，主题课程环境创设时常出现教师好心的代劳，或是为了参与而参与，让幼儿随意参与，缺乏对幼儿必要的指导等。这显然与教师未能深刻认识和理解幼儿的主体性有关。究其原因，要么是教师视幼儿参与环境创设为一件麻烦事，不如自己直接包办，省心又省事；要么是教师担心让幼儿参与环境创设，其所创设的环境不够美观。总之，教师未能很好地意识到让幼儿主动参与环境创设的意义与价值。

事实上，由教师辛苦完成的环境创设，换来的往往是幼儿的漠视或很少关注或关注时间极短。反之，如果环境创设是幼儿亲自参与的，那么他们便有一种成就感、自豪感，想主动去亲近它、关注它、爱护它。只有可以看到幼儿参与身影、幼儿“足迹”的环境创设才是真正具有课程意义和体现儿童意识的环境创设。

3. 动态性

主题课程环境创设的动态性，体现在其伴随着主题课程的不断深入而逐渐丰富起来。这是由“主题课程环境反映着主题课程实施的过程、是为主题课程的实施而服务”所决定的。因而，在主题课程环境创设中，追求一步到位、装饰性有余而课程意义不足的做法，是不适宜的。

主题课程环境创设的动态性，为主题课程在实施过程中的调整预留了生成的空间，也为主题课程的实施留有几许期盼。如果主题墙将主题课程预设方案一览无余地加以呈现并组织幼儿按图索骥，必然会降低幼儿对主题课程实施的兴趣与关注度。

4. 实用性

主题课程环境创设的实用性，除了要将环境创设的课程价值充分体现出来之外，主要指的是教师在指导幼儿主动参与环境创设的过程中在实际操作上的便捷性。在主题课程实施的过程中，教师应将时间用于对幼儿的观察、分析、现场指导，并基于观察分析提出相应的跟进措施。这是最能体现与促进教师专业成长的工作内容，而不应本末倒置地让教师的精力过多地耗费在环境创设之中。

主题课程环境创设的实用性，最能直接体现其便捷性的两方面：一是材料的选用，建议采用牛皮纸直接张贴在墙面作为背板，或选用软木板、KT 板作为主题墙背板材料，或直接以瓷砖墙面为背板（请参考第三章的图 3-9）；二是应充分发挥教师的集体智慧，积极借鉴思维导图，从思维导图模板中研发出适合本园实际、适合各种不同主题课程类型的主题墙饰“母版”，以供教师在实践中根据需要灵活选用与调整。

幼儿园教育实践中，时常会出现因新的主题课程的实施而需要更换原有的主题课程环境的情况。在实践中，一些教师经常会用“一拆了之”的简单做法来处理。建议教师在主题课程结束后、开启下一个新主题课程之前，将主题课程环境创设以适当的方式加以保存，如可以拍照存档，或是传到家园联络微信群或 QQ 群，以便于教师、家长和幼儿三方能够随时回放与整理，将主题课程环境创设的实用性充分发挥出来。

5. 艺术性

审美化是幼儿园环境创设的基本要求。作为主题课程的环境，在确保符合前述四个基本要求外，理应将艺术性尽量体现在其中。主题课程环境的创设，在版面规划与造型设计、内容呈现的样式、材料的选用及颜色搭配等方面，应尽可能体现视觉上的审美需求，如整体协调、重点突出，疏密合理、适当留白，色调怡人、艳而不俗，形式多样、富有创意，美观大方、有序和谐等。

如果将所有的资料一并呈现在主题墙上，不仅占用了大量的空间，且主题的目的性不明确，影响了主题墙的完整性、层次性、教育性。主题墙的版面毕竟有限，将所有幼儿的智慧和想法展示出来，而又不觉得版面繁杂，才是重要的。如在大班主题课程“各种各样的桥”中，幼儿用纸绘制出一座座心目中的桥，如果教师将幼儿的这些作品一并呈现在主题墙上，肯定会因主题墙空间有限而出现版面拥挤不堪的问题，进而使人产生莫名的压抑之感，严重影响主题墙应有的美感。教师巧妙地将幼儿的作品粘贴在纸板上，并连接成吊桥悬挂在长廊上空，桥的各种有趣造型与五颜六色的背景交相辉映，可以想象出这样的环境创设是多么富有审美情趣，难怪幼儿每天进出活动室都会忍不住要仰望一下自己心目中的桥，其内心显然是充满了自豪感。①

（二）与主题相关区域创设的基本要求

区域活动（含游戏活动）是主题课程实施的主要途径之一，但在不同的“混合式课程”中，区域活动在主题课程实施中所占的比重是不同的。在以集体教学活动为主、区域活动为辅的课程结构中，班级的区域活动往往有一至两个是与主题课程内容相关、体现着为主题课程的推进而服务的。这样的区域活动有的是相对独立存在的，有的则是作为集体教学活动的延伸而存在的。在以区域活动为主、集体教学活动为辅的课程结构中，区域活动是独立存在的，且是主题课程实施的主要途径（参见第六章“瓶子总动员（大班）”的内容），其具体又以两种样态存在。

一是主题式区域活动，即各区域活动之间相对独立，属于并联关系。如大班主题式区域活动“小汽车”：在益智区，设计了根据车牌号停车的游戏，帮助幼儿学习数字之间的对应关系；在美工区，请幼儿设计自己的小汽车，可以用画笔画，也可以用超轻黏土制作；在阅读区，投放了有关汽车的绘本，让幼儿了解汽车的种类、构造以及制作过程；在建构区，幼儿可以为各种小汽车搭建大型马路、大桥等；在音乐区，幼儿将汽车的各种废旧零件变成“乐器”，用木棒敲击，发出动听的声音，就像“汽车交响乐”。②

---

① 林晓丰. 幼儿园班级主题墙创设的教育价值及其优化策略 [J]. 湖北广播电视大学学报，2012（10）.

② 张萌. 基于项目活动的幼儿“偏区”指导策略 [J]. 上海托幼，2017（10）.

二是项目式区域活动，即各区域活动属于串联关系，活动之间是相互关联的。如大班项目式区域活动“超市”：建构区的任务是运用大型纸盒、大型积木搭建超市大楼；益智区的任务是分类摆放超市的物品并设计价格牌；美工区的任务是制作超市里的各种创意广告牌；科学区的任务是在了解小推车构造原理的基础上，为超市制作小推车。这几个区域活动内容都是围绕“超市的顺利开张与营业”这一项目而忙碌着，各区域活动既相对独立又相互关联。

区域活动中，所谓的环境创设主要是指区域活动材料的提供，当然也包括区域活动空间的创设（主要是墙面创设）。这里简要谈一下区域活动材料提供的基本要求。

1. 适宜性

适宜性，一是指活动材料与主题课程内容是相匹配的。活动材料是主题课程在区域活动中实施的载体，承载着主题课程目标的达成。二是指活动材料的投放要符合各年龄段幼儿的经验水平、认知特点。活动材料既是相应年龄段幼儿可以接受的，又可以促进他们的发展，即幼儿对教师所投放的材料呈现出一种“爱玩、能玩、会玩”的状态，能在玩中获取新知、在玩中体验快乐。

2. 开放性

开放性，一是指教师所投放的材料在数量上应是充足的，能满足幼儿对不同材料进行操作或是对同一材料多次操作的需要；二是教师所投放的材料的功能指向不是固定的、单一的，对幼儿而言，其在材料的使用与玩法上是多元化的，不同材料有不同的玩法。依此，教师在材料类型方面应考虑多投放一些低结构性质的材料，如各种纸盒、易拉罐、塑料瓶、树枝、鹅卵石、积木等。

3. 差异性

差异性，指的是教师投放的材料类型要多样化、操作水平要层次化，即“差异性＝多样性（材料类型）＋层次性（操作水平）”。其中，材料类型的多样化包括材料质地的多样化、材料结构的多样化。如在主题式区域活动“好玩的绳子”中，教师设置了一个给大头娃娃扎辫子的活动区。那么，从材料类型多样化来说，该区域所投放的供幼儿扎辫子的毛线可以是粗细不一、股数不同、质地各异的各种毛线。就操作水平层次化而言，可以设置高、中、低三个层次，提供半成品让幼儿接着编。教师同样可以根据股数的不同、质地是否好操作、是否要求编出一定花样的辫子等进行合理组合，设置各种不同层次的操作要求。

四、主题课程环境创设的基本思路

根据主题课程内容性质、不同年龄段幼儿的特点，以及教师在主题课程环境创设中的意图，主题课程环境创设基本思路主要有逐一展开式和中心辐射式。

（一）逐一展开式

逐一展开式的主题课程环境创设，指的是根据主题课程的发展而进行相应的环境创设。主题课程环境创设与主题课程实施进度基本保持一致。通常主题课程刚开始时，环境创设以介绍为主，以资料收集、主题说明为主；课程进行中，逐步展现幼儿的作品、布置互动墙等。逐一展开式的创设思路，一般适用于以下四种情况：一是主题课程实施本身具有较明显的阶段性，比如故事剧主题课程，可按“开始导入、感知探索、编构排练、表演展示”四大环节依序推进，那么环境创设就可以依这一推进顺序逐一展开；二是教师希望主题课程实施有更多的生成比重，未展开的部分是期盼着主题课程在推进中会生成精彩的活动；三是教师出于制造活动悬念的考量，旨在通过悬念来激发幼儿参与主题课程的好奇心与积极性；四是教师习惯于依主题课程内容展开的时间顺序来创设环境，根据主题实施的具体情况，收集整理能够反映该阶段活动的资料，再根据不同资料的性质选用适宜的方式加以呈现。

如中班主题课程“大豆芽”下的子主题课程“果实与种子”，主题课程的主要过程为：收集种子—认识种子的种类—给种子分类—用种子制作贴画—种子发芽实验。教师和幼儿在墙面上布置了四个相关栏目版面，即“种子展览会”（实物收集）、“结果了”（种子贴画）、“种子发芽了”（书面记录）、“我爱吃的豆制品”（绘画）。每一块墙面是一个有序的整体，并依主题课程实施过程，由幼儿用图文并茂的方法记录他们各自在探索活动中的体验、认识、信息、发现或初步的共识，并将这些资料依序布置在相应的版面加以逐一呈现。[①] 这样逐一展开的创设思路，便于幼儿从墙面的变化中清楚地了解主题课程的开展情况及某一内容的不断发展和变化。

---

① 何玲. 发挥主题活动中墙饰的教育功能 [J]. 基础教育研究，2009 (11).

（二）中心辐射式

中心辐射式的主题课程环境创设，指的是教师将事先编拟好的主题课程脉络图所展示的主要推进方向以图文并茂的方式直接展示出来。当然，教师所展示的仅是主题课程实施的“骨架”而已，且展示主题课程实施的“骨架”应该是在与幼儿充分讨论的基础上，师幼在活动现场共同完成的。强调师幼的共同参与，不仅能突显幼儿在环境创设中的主体性地位，更能让幼儿在环境创设中体验强烈的参与感与认同感，以充分发挥环境创设在主题课程推进中的作用。

中心辐射式的主题课程环境创设，其初始呈现的通常是将主题课程名称居于图的中心位置，由这个主题课程名称再向四周延展出相关的“骨架”，代表主题课程的走向。整个图形呈现出以主题课程名称为中心向四周辐射的形状。笔者认为采用此思路来创设主题课程环境，有利于幼儿对主题课程展开的走向有整体性的了解，以使幼儿能够有意识地做好相关经验的准备工作，但采用此方式创设时需要特别注意的是要为主题课程可能生成的活动预留一定的空间。

第五章　主题课程的设计与实施

与领域课程的设计与实施相比较，主题课程的设计与实施显得较为复杂。前面所阐述的主题课程内容与目标、主题课程网络图编制与环境创设，其实也是主题课程设计的环节与内容。本章主要围绕主题课程设计的基本程序以及实施过程中需要处理的若干问题做具体阐述。

一、主题课程设计应遵循的基本程序

程序指的是事情进行的先后次序，是关乎事情能否有序运行的一种行事规则。主题课程设计的基本程序是主题课程设计质量的重要保障。

（一）选择与确定主题

1. 主题的来源

除了第二章谈到的主题来源的五大途径，虞永平在《论幼儿园课程中的主题》一文中，明确提出主题的四个基本来源：（1）学科或领域，即主题是以一定的学科或领域为基础来设计，主题名称往往是该学科或领域中幼儿关注的话题，如“冬天的世界”“夏天的水果”“落叶飘飘”等；（2）社会生活事件和幼儿自身的生活事件，如“台风来了”“大桥通车了”“我们的新朋友”“六一儿童节”等；（3）人们专门提炼和概括的过程、原理或变化规律，如“变”；（4）文学作品，文学作品中的人物、事件、物品、道理、场景等都是主题内容生成的线索，如“花木兰”。

在幼儿园课程实践中，主题课程内容产生的实际途径，有时是源于已有的主题课程方案，如教师从已经出版的各种幼儿园教师参考用书中，发现某主题课程方案跟当下的教育教学实际比较符合，直接以该主题课程方案为蓝本进行改造，从而产生该班级的主题课程；有时是源于活动材料，如教师在活动室的角落临时放了一个大纸箱，该大纸箱引起班上幼儿的兴趣，很多幼儿在自由活动时间关注这个纸箱，教师因幼儿对纸箱的关注而组织幼儿围绕纸箱开展相应的主题课程。

2. 确定主题的依据

主题的确定需要根据一定标准来进行考量：（1）这个主题幼儿会喜欢吗？符合他们的兴趣和需要吗？适合幼儿的发展水平吗？（2）它能够涵盖哪些领域的学习内容？能促进幼儿哪些方面的发展？（3）它的可行性如何？主题所需的材料容易获得吗？是否容易转化成让幼儿直接参与的具体活动？（4）它与近期实施过的主题课程之间的关系如何？有无相关的经验进行衔接与连贯？能否较好地规避或补救前一主题课程在领域均衡上存在的问题？……

3. 主题课程的命名

主题课程命名的基本要求，就是主题名字应是好记好听、浅显易懂、对幼儿有吸引力，能够激发幼儿强烈的参与欲望以及丰富的想象力，如“好玩的绳子”“好吃的蔬菜”“有趣的测量”“春天来了”“小蜗牛去哪儿”“种子的世界”“亲亲泥土”等。诸如“动物”“植物”等名称，就过于平淡，对幼儿缺乏吸引力。如果稍微变换一下，改为“我最喜欢的一种小动物”“我饲养的小宠物”等就相对好些，容易让幼儿感觉到这个主题课程是和自己有关系的、是自己的事情，而非教师布置的任务。

需要指出的是，主题课程名称（形式）与主题课程实施过程（内容）的关系有可能是相一致的，也有可能是相去甚远的，即前述所谓的表内核型主题课程和表起点型主题课程。

（二）确定主题课程的目标

一般而言，主题课程名称确定下来之后，需要考虑主题课程目标的确定问题，主题课程目标确定的基本程序，详见第二章中的“主题课程目标拟定程序与表述要求”。

金教鞭

（三）考虑主题课程的实施方式与途径

主题课程的实施方式与路径，通常包括集体教学活动、区域活动（含游戏活动）、环境创设、生活活动以及家园联系等。主题课程的实施方式与途径，通常以主题课程网络图进行直观展示，如主题课程“帽子秀”预设走向网络图（参见图 5-1）。

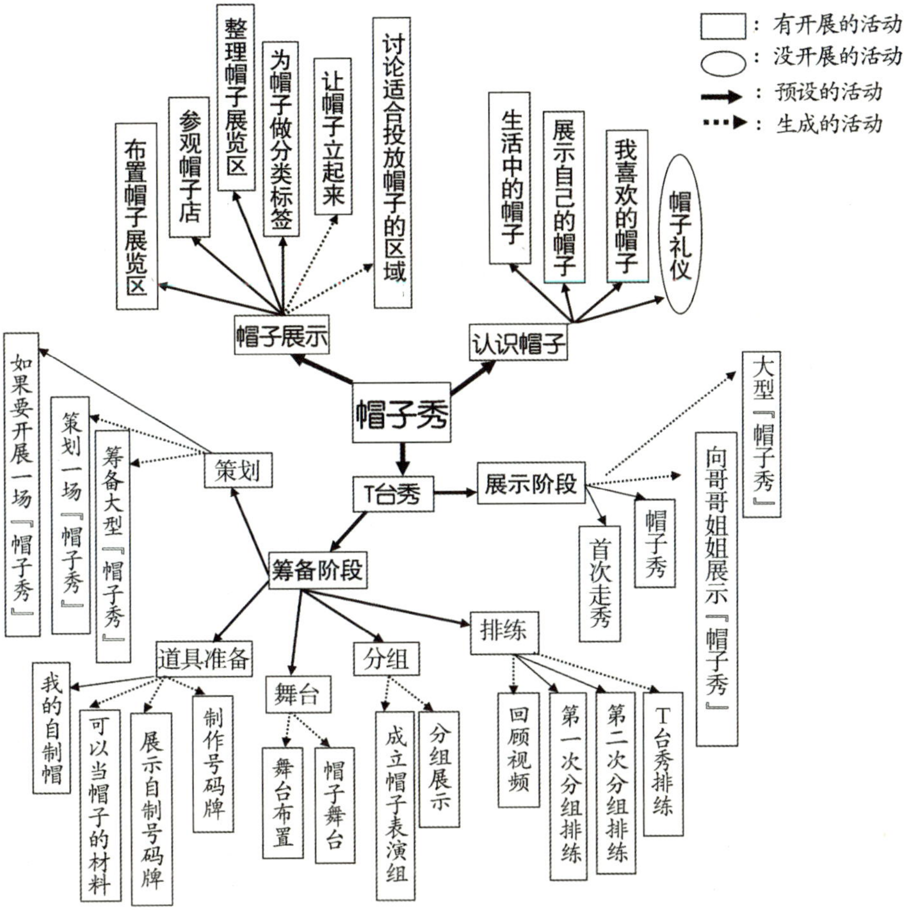

图 5-1　“帽子秀”主题课程网络图①

（四）设计具体的活动方案

不管是何种活动形式，都需要根据各活动形式的基本要素进行设计。如集体教学活动设计的要素主要包括活动目标、活动准备、活动过程，有时也包括活动意图和活动延伸等（参见表 5-1）。区域活动设计的要素则包括区域

① 叶俊萍. 幼儿园课程资源建设新思路：“宝宝博物馆”建设的理念与实践［M］. 福州：福建人民出版社，2016：97.

名称、区域内容及材料、区域功能与指导要点（参见表 5-2）。当然，教师设计具体的活动方案，在具体开展过程中由于幼儿各种意想不到的反应、偶发事件等多种因素的影响，可以而且应该进行相应的调整。

为了主题课程的顺利开展，教师除了考虑主题课程实施所需的环境创设外，还要考虑如何利用园外资源等问题，整合各方资源使之能够围绕主题形成教育合力。

表 5-1　主题课程“帽子秀”（中班上学期）预设走向（集体活动）①

领域	活动名称	活动目标
健康	传帽子 （体育游戏）	· 懂得游戏规则，感受与同伴默契游戏的乐趣。 · 提高应变能力和游戏动作的敏捷性。
语言	生活中的帽子 （谈话）	· 对帽子感兴趣，能根据生活经验畅所欲言，体验与同伴交流分享的快乐。 · 感知帽子与人们生活的密切关系。
	老爷爷的帽子 （文学）	· 初步学会理解他人的需要，关心和帮助他人。 · 体会被人关心和帮助他人时的内心感受。
	一朵云帽子 （文学）	· 初步感知与理解故事《一朵云帽子》，理解小鸟把云帽子给太阳公公戴的原因。 · 学习故事中的对话。 · 体验与朋友交流和关心他人的欢乐。
社会	选帽子 （人际交往）	· 在观察与感知的基础上，认识各种帽子，并能讲述帽子的特征及用途。 · 能在游戏中根据不同的“职业需要”，选择相应的帽子。
	帽子商店 （社会文化）	· 学会在游戏中进行“交易活动”。 · 体验与同伴交往的乐趣。
	“红帽子”志愿者 （社会文化）	· 知道“红帽子”志愿者的特殊意义及职责，愿意关心他人、帮助他人。 · 感受爱的温暖。
	戴帽子的礼仪 （人际交往）	· 了解关于戴帽子的常见礼仪，愿意模仿学习。 · 懂得礼貌待人。

① 叶俊萍. 幼儿园课程资源建设新思路：“宝宝博物馆”建设的理念与实践［M］. 福州：福建人民出版社，2016：93、94.（引用时有调整）

续表

领域	活动名称	活动目标
科学	帽子 （科学认知）	·初步了解各种帽子的特点及用途。
	古代的帽子 （科学启蒙）	·初步了解帽子的历史演变过程，能区分古代帽子与现代帽子。
	认识民族帽子 （科学启蒙）	·认识我国常见的少数民族帽子，初步了解少数民族帽子的特点。
	帽子展览区 （科学探索）	·学习按种类布置帽子展览区，喜欢参与布置场馆活动。
	帽子种类 （数学）	·能根据帽子的不同特征分类，并尝试为不同种类的帽子做分类标签。
艺术	折帽子 （手工）	·初步学习看步骤图折纸。 ·学习对折、翻折的方法。
	装饰帽子（一） （绘画）	·欣赏帽子，感受各种帽子的造型美。 ·学习运用各种线条、图案装饰帽子。
	装饰帽子（二） （创意手工）	·在装饰帽子的活动中，巩固对三原色的认识，能自由涂色、添画花纹。 ·能大胆发挥想象，学习运用各种材料装饰帽子。
	设计帽子 （创意绘画）	·能发挥想象力和创造力，大胆设计。 ·体验创造性设计帽子的乐趣。
	制作帽子 （创意手工）	·学习用粘贴、剪、订、折、画等技能制作帽子，并运用对称、排序等方法装饰帽子。 ·能主动参与制作帽子的活动，体验活动的乐趣。
	展示自己的帽子 （创意展示）	·尝试运用自己的肢体动作展示帽子，体验展示帽子的快乐。 ·乐意表达自己的想法。
	帽子舞 （创意舞蹈）	·懂得根据帽子的特征自编简单的舞蹈动作，并能按音乐节奏跳舞。
	帽子秀 （创意展示）	·能运用各种肢体动作展示帽子，并根据音乐节奏走T台秀。 ·了解并初步学会遵守T台秀的演出规则。

表 5-2　主题课程“帽子秀”（中班上学期）预设走向（区域活动与环境创设）①

区域	区域内容及材料	区域功能与指导要点
创意空间帽子工作室	·折帽子：折纸步骤图、报纸、彩色纸。 ·绘画帽子：有特色的帽子、画板、记号笔、图画纸。 ·设计帽子：装饰图案、水彩笔、图画纸。 ·装饰帽子：斗笠、造型简单的纯色帽子或自制的帽子、颜料、装饰品。 ·制作帽子：胶水、剪刀、各种废旧材料、水彩笔、订书机、皮筋等。	·指导幼儿学习看步骤图折帽子。 ·引导幼儿根据自己经验进行绘画，并鼓励幼儿大胆设计帽子。 ·让幼儿学习用粘贴、剪、订、折、画等技能制作帽子，并运用对称、排序等方法装饰帽子。 ·激发幼儿对美术活动的兴趣，让幼儿感受装饰帽子的乐趣，体验成就感。
阅读天地	·认帽子：有关帽子的图片。 ·说帽子：有关帽子的图片。 ·讲帽子的故事：有关帽子的图片、图书。	·引导幼儿认识各种帽子，说说自己戴帽子时的感受及关于帽子的小故事，并通过阅读与帽子有关的绘本，激发幼儿对帽子外形及功能的兴趣。
建构乐园	·拼帽子：花片。 ·建房子：工程帽、积木。	·引导幼儿观察、拼插各种形状的帽子，并戴上工程帽体验建筑工人建房子的活动。
梦想舞台	·帽子秀：各种外形美观的帽子、马甲、裙子等服饰，背景音乐。	·引导幼儿用帽子、衣服等装扮自己，指导幼儿布置舞台，并在音乐背景下有序地开展“帽子秀”活动。
温馨小屋	·扮演角色：各种角色的帽子。 ·帽子商店：不同类型的帽子、分类架。	·引导幼儿戴上帽子扮演家庭成员，增强角色的真实感；通过帽子商店让幼儿进一步了解帽子的不同功能及特点，初步学会简单的交往技巧。
智慧学堂	·分类：各种帽子的照片、图片。 ·排序：大小、颜色、形状不同的帽子。	·引导幼儿根据帽子的不同特征分类，启发幼儿用不同方法排序，总结几种分类与排序的方法。
生活空间	·整理帽子：各式帽子、报纸、大线轴、架子、橱柜。	·让幼儿学习有序地整理帽子，了解摆放帽子的方法。
花样童玩	·转帽子：帽子、树枝。 ·套帽子：发条玩具、圆帽。 ·投纸球：报纸球、帽子。	·指导幼儿玩帽子游戏，并启发幼儿创造帽子的新玩法，感受游戏的乐趣。

① 叶俊萍. 幼儿园课程资源建设新思路：“宝宝博物馆”建设的理念与实践［M］. 福州：福建人民出版社，2016：95，96.（引用时有调整）

需要注意的是，不管是设计集体教学活动目标还是分析区域活动的价值，都应考虑与既定的主题课程目标的匹配，即确保具体活动目标与主题课程目标的对应关系。当然，考虑主题课程目标与具体活动目标的匹配，可能更适合于预设型主题课程。如果是属于生成型主题课程，则主题课程目标也应是属于生成性目标取向，即主题课程目标是在课程实施过程中产生的。一般来说，生成型主题课程在课程结束后需要对课程实施全程进行梳理与展示，进而在此基础上对该主题课程所带给幼儿的有益经验进行分析与总结，所总结出的主题课程价值即可视为主题课程目标。也就是说，如果所执行的是生成型主题课程，那么在主题课程设计时可以省略拟定主题课程目标的环节，即直接进入实施具体活动的环节。

在幼儿园主题课程的实践中，受目标导向惯性思维的影响，比较可行的做法还是应先将主题课程目标拟定，若主题课程实施过程有生成的契机，再依具体生成的情况对主题课程目标进行适当的调整，即在生成课程取向下，课程实施过程是动态的，课程目标也是可以调整的。

二、主题课程实施应关注的基本问题

教师在主题课程实施过程中常见的问题，可以概括为十个方面。这里就这十个问题的成因或认识以及解决的具体策略做简要阐述。

（一）主题课程的领域均衡性

主题课程的领域均衡性问题，其实是课程整合问题。课程整合是多层面的、多维度的，有隐性整合与显性整合。课程整合有课程实施方式与手段的整合、课程目标的整合、课程内容的整合、课程资源的整合等方面。领域均衡性涉及的是课程内容整合，即希望通过某主题课程将五大领域加以统整，使之有机地成为一个整体，以最大限度地发挥主题课程促进幼儿身心发展的作用。

对于领域均衡性问题，即对课程整合的认识，宜持更为广义的理解。如艺术领域中的奥尔夫音乐活动，也蕴含着幼儿建构科学探究经验的价值，如让幼儿感受不同乐器发出不同的声音、同一乐器发出声音的大小、用同一器具敲击不同乐器所发出的声音的不同；奥尔夫音乐中的节奏活动，与数学活动中的模式经验也有异曲同工之妙。本属于艺术领域的奥尔夫音乐活动，貌似没有科学领域内容，但从幼儿经验建构的角度来分析，其已整合了科学领域内容，是属于隐性的整合类型。

同样地，有的课程内容貌似整合了，领域均衡性貌似得以体现了，但也不排除有的内容的整合其实对幼儿身心发展仅有一种巩固与加深之效，并未带给幼儿实质性的、多元关键经验的建构。这种显性的内容整合，其所整合的课程内容明显分属于不同的领域，最终带给幼儿深层次的经验却是一样的，即殊途同归。因而，在主题课程实施过程中，教师既要重视领域均衡性，但又不必过分拘泥于领域的均衡性，而应以自然整合为要。

其实就主题课程实施质量而言，幼儿在该主题课程中“‘知’了什么”并不重要，重要的是幼儿到底“‘行’了什么”“怎样‘行’”，以及透过“行之”而能使幼儿“乐之”。因而，在某一具体主题课程中，如果过分纠结于五大领域的均衡性，反而有可能适得其反而走向“拼凑活动”之路。

再者，主题课程的领域均衡性问题，宜将之置于一学期或一学年来考量，即通过不同主题课程间的、有目的的调整来处理。比如发现在前一个主题课程实施过程中某些领域活动失衡了，那么在设计与实施下一个主题课程时就应有意识地规避或补救。因而，在主题课程实施过程中，采用一定的方式调控领域均衡性问题还是有必要的。

从主题课程主要活动一览表（参见表 5-3），则可知某一具体主题课程实施完毕后，便可统计出五大领域在该主题课程中的占比情况；从某班一学期主题课程领域统计表（参见表 5-4），则可知某班在某学期主题课程实施数量以及五大领域涵盖情况。

表 5-3　××主题课程主要活动一览表

<table>
<tr><td colspan="2">主题名称</td><td></td><td>班级</td><td colspan="2"></td><td colspan="2">计划实施周期</td><td></td></tr>
<tr><td colspan="2">主题由来</td><td colspan="7"></td></tr>
<tr><td colspan="2">主题目标</td><td colspan="7"></td></tr>
<tr><td>途径</td><td>序号</td><td>活动名称</td><td>涉及领域</td><td rowspan="5"></td><td>途径</td><td>序号</td><td>区域名称</td><td>材料投放（含环境创设）</td></tr>
<tr><td rowspan="4">集体活动</td><td></td><td></td><td></td><td rowspan="4">区域活动</td><td></td><td></td><td></td></tr>
<tr><td></td><td></td><td></td><td></td><td></td><td></td></tr>
<tr><td></td><td></td><td></td><td></td><td></td><td></td></tr>
<tr><td></td><td></td><td></td><td></td><td></td><td></td></tr>
</table>

续表

资源利用	主要是指在开展本主题课程时，对资源的利用情况，包括争取家长的配合、园内外资源等。
生成情况	主要指有无新的主题或活动生成。用“△”表示某一新的主题或活动。如果生成的新主题的信息量较少，则可直接将主题目标及生成情况填写在这里。

表 5-4　××班第×学期主题课程领域统计表

领　　域	主题一	主题二	主题三	……	统计
健　　康					
社　　会					
语　　言					
科　　学					
艺　　术					

（二）主题课程实施中的“拼盘活动”问题

强调课程内容的横向联系，应该是主题课程有别于领域课程的重要特征之一，也是主题课程实施中着力追求的方向。从主题课程实施的实际效果来看，在课程内容的有机整合方面，却时常出现事与愿违的现象，即出现了颇受大家诟病且屡屡出现的弊端——“拼盘活动”。“拼盘活动”不仅没有让各领域知识形成“有机联系”，反而将领域课程关注知识系统性的优点也丢掉了①。因而，在主题课程的具体实施中，建议尝试通过以下两种方式来设计与推进主题课程。

一是在主题课程实施过程中，采用“内生式”的思路，催生出具体的课程内容，即先对主题课程内容本身所蕴含的内在价值进行分析，在此基础上“由内及外”演绎出具体活动内容。采用这一思路，所研发的具体活动内容是主题内容内在生成的，犹如大树的众多树枝是从树干中生长出来一样。与这种“内生式”相对立的研发思路则是“外添式”，即在构思主题课程中各具体活动内容时，机械地将五大领域的内容依“由外向内”的思路进行直接填充。如果沿用树枝与树干的比喻，那么“外添式”研发思路下的“树枝”不是从树干“长”出来的，而是人为地“拼装”上去的。诚如是，这势必会导致各课程活动内容间缺乏内在联系，从而出现所谓的“拼盘活动”现象。

---

① 李云淑．幼儿园主题活动中的拼盘问题及其解决［J］．上海教育科研，2011（2）．

二是主张采用“问题中心”的课程设计取向，即基于解决某一具体问题而生成的具体活动内容。问题本身就是以一种情境而非以学科方式存在的。情境既是具体的，又是整体的。情境的整体性，体现在解决某一具体问题需要多学科知识的协同参与。比如某中班借鉴实习场理论开展了“房子”的主题课程，其中一个子主题活动是每组幼儿给自己的“房子”做装饰。每组六人拥有一座用硬纸皮与木条做成的仿真房子。幼儿给自己的房子命名之后，就着手装饰自己的房子。在装饰房子时，幼儿遇到了如何给房子开挖一个外开窗户的问题。开挖外开窗户，是幼儿遇到的真实问题。围绕“开挖窗户”而产生的系列活动，从领域课程的角度来说，确实无法明确归属于何领域的活动。幼儿在开展“开挖窗户”活动时，又确确实实涉及多领域，如社会领域中的协商、分工、轮流乃至争执与妥协等，语言领域中的讨论、交流乃至争辩等，科学领域中的测量、图形、二等分、工具选择与使用等，艺术领域中给窗户进行图案装饰以及有可能窗户开挖成功后幼儿忍不住来一番“载歌载舞”的庆祝活动等。如此分析，则“开挖窗户”这样的基于解决问题的活动，自然而然地整合了多领域的内容。

（三）主题课程内容的编排

在主题课程实施过程中，大家所强调的是主题系列活动内容间的纵向或横向逻辑关系。但相对而言，对主题之间的纵向或横向逻辑关系的关注相对比较薄弱。这固然与主题实施过程中所倡导的“活动取向”有关，即幼儿的兴趣与关注点带有很强的不确定性。但尽管如此，关注幼儿在主题课程中经验获得的连续性与整体性，是主题课程在实施中应考虑的基本问题。因而，在主题课程实施中就需要考虑主题之间的逻辑关系，尤其是纵向关系。

在同一学期的不同主题课程内容的编排上，需特别关注不同主题之间的纵向关系，即前一个主题的开展是后一个主题的基础，后一个主题的实施是前一个主题的提升。在主题课程实施中，可以较有效地解决主题间纵向关系问题的办法，便是回到《指南》的课程目标中去，将所拟定的不同主题课程目标以及各系列活动的具体目标与《指南》做比对。回到《指南》课程目标，便可比较清晰地判断出哪些目标是重复的、哪些目标是递进的，并根据比对的情况及时调整，以确保主题间在纵向维度上是递进的逻辑关系。

在不同年段同类主题课程内容的编排上，应呈现出螺旋上升的逻辑关系，即同样维度的主题，应依据幼儿年龄发展水平的提升而不断提高主题要求。例如，在秋季新学期期初，各年段通常会安排这样的主题课程内容："我爱上幼儿园"（小班）、"我做哥哥姐姐了"（中班）和"特别的我"（大班）。显然，这些主题课程内容是属于同样维度的，都是旨在让幼儿尽快适应幼儿园生活的主题课程内容，但具体的主题课程目标肯定是依不同年龄幼儿的发展水平而定的。

（四）主题课程实施的途径

将幼儿园教育活动划分为生活活动、游戏活动和教学活动，这是目前较常见的"三分法"。在这里，笔者将幼儿园教育活动调整为生活活动、区域活动和教学活动，其中，区域活动则又可细分为区域操作活动和区域游戏活动。区域操作活动更多指向幼儿语言与认知的发展，如语言区、数学区、科学区、美工区、音乐区、益智区等；区域游戏活动更多指向幼儿情感与表现方面，如角色区、建构区、木工区、沙水区等。笔者将教学活动默认为集体教学活动，指面向全体幼儿、带有集体行动性质的教学活动。

主题课程实施的途径，包括集体教学活动、区域活动、生活活动、环境创设以及家园共育等。就目前幼儿园主题课程实践而言，除了环境创设的熏陶、生活活动的渗透、家长的参与以及周边资源的利用外，主题课程实施的途径主要有三种形态，即：集体教学活动为主，区域活动为辅；集体教学活动与区域活动并行，占比约各半；区域活动为主，集体教学活动为辅。在幼儿园课程实施不断往低结构化、开放性路向发展即课程游戏化的背景下，区域活动为主、集体教学活动为辅应该是主题课程实施途径的发展方向。

（五）主题课程实施中的预设与生成

主题课程实施中的预设与生成的问题，其实就是如何处理计划与变化关系的问题。预设就是对主题课程实施的准备。关于课程准备在课程实施过程中的重要性，张雪门先生早在20世纪30年代就明确指出："教师对于儿童在幼稚园的时候，行为上的方法和材料已知有所准备，更不能不知道应如何准备。若仅凭着环境使他们自由动作，必致各个人乱来一气，往往有冲动而少结果。而且儿童的行为，因倾向不同，绝难一致，教师更有顾此失彼之苦。所以我们对于课程不能不有准备。"① 即使是以方案教学活动著称的瑞吉欧幼

---

① 戴自庵. 张雪门幼儿教育文集（下卷）[M]. 北京：北京少年儿童出版社，1993：821.

教人也明确指出：“假如成人已经想到一千种假设，那么我们很容易接受出现一千零一甚至二千种假设的事实。当成人自己曾经想过许多可能性时，会持开放的角度去面对新的想法，也比较容易接受未知的事物。只持有一个假设会导致成人将全部的注意力集中在该问题。”① 由此可知，对主题课程实施做好预设工作，即在课程实施之前要做好充分的准备，乃是提升课程实施质量的重要保证。

正如俗话所说的“计划不如变化快”，教师在实施预设的活动方案的过程中，还是要关注活动中的具体变化。根据活动现场幼儿的具体情况，教师应对所预设的活动方案做适当的调整，甚至生成相应的活动以适应当下幼儿的实际情况，这是课程实施中所倡导的一种应然的价值取向。正因如此，冯晓霞明确指出：“课程实施本质上是一个课程的‘再设计’过程，是教师富有创造性的劳动。”② 那么，在主题课程实施过程中，如何处理生成的问题呢？首先，教师要对源自幼儿的兴趣或关注点做课程价值层面的研判，即生成的课程内容应有利于带给幼儿有益的新经验、促进幼儿身心健康发展；其次，教师要对所生成的课程活动实施的可行性以及具体实施时机、实施形式等进行研判，比如是即时生成还是延时生成，是采用集体教学活动还是区域活动，是生成某一具体活动还是某一子主题系列活动，等等。这里所谓的“即时生成”，指的是教师基于对幼儿兴趣点的价值以及实施可行性的研判，认为可以即时加以回应并生成相应的活动。“延时生成”，指的是教师基于综合研判，决定另择合适时机开展相应的活动以回应幼儿的关注。

至于在某一主题课程中，预设活动与生成活动的比重问题，涉及教师个体课程素养、园方课程管理机制以及主题课程内容性质等因素。就教师个体课程素养水平而言，通常是课程素养水平越高者，其在主题课程中生成的比重往往会越大。

（六）主题课程与领域课程的关系

主题课程与领域课程各有优势，不能做简单的替代。将两者有机地统一起来，实施混合式课程，可以说是幼儿园课程体系中的一种现实存在。按主

---

① C Edwards，L Gandini，G Forman. 儿童的一百种语文：瑞吉欧·艾蜜莉亚教育取向进一步的回响［M］. 罗雅芬，连英式，金乃琪，译. 台北：心理出版社，2000：249.

② 冯晓霞. 幼儿园课程［M］. 北京：北京师范大学出版社，2000：96.

题课程与领域课程比重的不同，幼儿园混合式课程形态有三种：主题课程为主，领域课程为辅；主题课程与领域课程并行，占比约各半；领域课程为主，主题课程为辅。

在幼儿教育整体观理念下，主题课程是幼儿园课程的主要模式，因而最为适宜的混合式课程形态乃是“主题课程为主，领域课程为辅”。那么，在这种课程形态下，如何处理好两者关系？基于课程实践经验，笔者认为可以有两种处理策略。

一是镶嵌式，指的是在主题课程实施过程中将领域课程有机嵌入。具体有两种处理方式：一是在每周五个集体教学活动时间中，安排三至四个用于承担主题课程的实施任务，而另一至两个则承担领域课程的学习任务；二是将领域课程中的高结构教学活动作为一个环节插入主题课程的低结构活动中，比如在主题课程的区域活动中用某一小段时间进行高结构教学活动，如向幼儿讲解操作的基本技能与基本规则等。

二是分离式，指的是主题课程的实施与领域课程的实施是分开的。其在课程运行模式上，通常是以“主题课程周”和“领域课程周”相对独立的方式存在：在单位时间完成主题课程实施任务，即“主题课程周”；主题课程实施结束后，根据该主题课程实施情况，对需要通过领域课程来完成的学习任务，则直接采用集体教学活动的方式来完成，即“领域课程周”。

（七）主题课程实施的时长

确定某个主题课程实施的时长，原则上以幼儿的兴趣与关注所持续的时间和强度为依据。目前，幼儿园出现了一种倾向，即认为主题课程实施时间越长，主题课程价值就越大，就越能有效促进幼儿身心发展。于是，出现了一个主题课程实施持续时长达一学期的情况。其实，某一主题课程的价值大小，在于该主题课程能否带给幼儿一种主动学习、深度学习的状态，即能否给幼儿带来一场难忘的学习与探究之旅。

对于时长达一学期的主题课程，即从学期初持续开展到学期末的这种做法的适宜性，确实难以做简单的是否式判断，但有如下四大疑问：幼儿对主题课程的兴趣与关注真的有办法有效维持这么长时间吗？一个主题课程持续那么长时间，是不是因为教师担心更换另一个主题课程又要很辛苦地重新创设主题课程环境，干脆一学期只开展一个主题课程，这样一来主题课程环境创设就可以近乎一劳永逸？幼儿园课程具有启蒙性与广泛性的特征，幼儿在一个学期内要学习的课程内容所涉及的面应该是比较广泛的，如果将一个主题课程从学期初开展到学期末，是否有将幼儿的视野局限在该主题课程之内之嫌？长达一个学期的主题课程，是否意味着教师需要对该主题课程内容进行较深入的挖掘，才能为活动的开展提供必要载体，诚如是，这样的主题课程是否又有将幼儿培养成某方面“专家”的嫌疑，即“点深面不广”？

或许能够维系几个月的主题课程，更适宜于以小组（四至六人）探究的项目活动课程模式开展。关于主题课程实施时长问题的认识与处理，除了坚持“因幼儿的兴趣而开始，因幼儿的专注而持续，因幼儿的收获而结束”[①] 这一总原则外，或许可以根据幼儿在某一主题课程实施过程中的具体表现，采用“小组分流式”的实施方式，即主题课程的实施告别“一起开始、一起结束”，而是走向“始于集体行动，终于小组甚至个别行动”。

《鸽子：幼儿科学知识的建构》所介绍的主题课程实施案例或许对大家会有所启迪。“主题进行约三周，我们发现孩子们渐渐地出现了两极化的现象。有些孩子对鸽子的热度仍在持续中，但不少孩子对鸽子的热度已渐消退。为了要了解各个孩子的想法，于是我请每一个孩子画下自己所知道的关于鸽子的事情。结果真的很准确地看出了孩子们对于鸽子的了解及期待的状态。于是成立了‘鸽子研究小组’（另一组则选择研究爱弥儿旅顺分校的“慎斋堂”）。我们发现这群真正对‘鸽子’主题有兴趣的孩子就是不一样，他们很认真、很用心。”[②]

对于幼儿园主题课程实施时长问题，笔者给教师一个建议，以供大家参考：小主题课程时长两至三周，大主题课程时长四至六周。这样算来，一学期以十八周核计，则可以开展两个左右的大主题课程或三个左右的小主题课程。在张雪门的“行为课程”中[③]，每学期的课程主题大约是选四至五个。主题课程数量充足了，幼儿透过主题课程而建构的经验也才有可能是丰富多元的。

关于主题课程实施的时长问题，也有教师会比较关注主题课程内容的选择与确立到底需要多长时间。这与主题课程内容性质以及教师在主题课程实

① 感谢泉州市鲤城区传春幼儿园吴华莹老师贡献了此观点。

② 台中市爱弥儿幼教机构，林意红．鸽子：幼儿科学知识的建构［M］．南京：南京师范大学出版社，2004：127．

③ 简楚瑛．幼儿教育课程模式［M］．4 版．南京：南京师范大学出版社，2018：45．

施前的相关准备工作有关。如果不去考虑教师教学准备这一因素的话，一般而言，基于教育目标或幼儿需要，即不需要花费较多时间去捕捉幼儿兴趣与关注点，则主题课程内容的选择与确立的周期较短，以一至两周为宜。比如小班幼儿入学后，在解决幼儿入园焦虑之后，基于幼儿的需要（不是幼儿的兴趣），宜开展旨在帮助幼儿尽快熟悉与适应幼儿园集体生活和学习的主题课程，如“我爱上幼儿园”这样的主题课程内容，只要教师已做好相应的教学准备工作，便可进行主题课程的实施。如果是基于幼儿兴趣、关注点的主题课程，因为需要对幼儿进行一段时间的了解与观察，那么这个主题内容的形成与确立的时间就会相对较长。建议在新学期开始，可以先实施基于教育目标或幼儿需要的主题课程，比如关于升学的适应问题（新入园或升到中、大班）或季节变化类、节庆类主题课程等，再实施基于幼儿兴趣与关注点的主题课程。

（八）主题课程实施的记录与分析

主题课程实施的过程性记录，就是要让主题课程留下痕迹，有关于幼儿的学习与发展、幼儿的兴趣与经验的内容，也有关于教师的活动指导与专业成长的内容。

主张对主题课程实施的过程进行记录，首先最为直接的目的便是通过任务驱动，化压力为动力，以锻炼和提升教师的书面表达能力；其次是有助于教师学会观察与分析活动中的幼儿行为，或是反思自己在活动中的教育教学行为，从而增强教师的课程意识与提升教师的专业素养。

那么，主题课程应该记录什么内容？一般来讲，“记”的内容就是一个“事件”，从这个“事件”要么可以看到幼儿的学习与发展或是幼儿的兴趣与经验，要么可以看到教师现场指导策略的实际成效。前者指向幼儿的信息，无疑是课程有效跟进的重要依据；后者指向教师的信息，则是教师教学反思的载体。在活动中能否记下这样有价值的“事件”，取决于教师对幼儿行为表现是否仔细观察，以及教师对幼儿的观察是否具有敏锐的问题意识。

明确了记录的内容之后，那么，一份高质量的主题课程实施记录便通过图文并茂的记录方式带给读者很强的“现场感”，读之犹如亲临其境。若要使案例描述具有“现场感”，则宜采用“实况详录法”，且在记录时详略得当，即抓住“细”的主线与“粗”的背景之间的关系。

在使用“实况详录法”时，教师最容易犯的错误就是用概括性的语言来替代描述性语言，比如用“幼儿很高兴”进行记录。用概括性语言记录的内容属于结论性或是概括性内容。一个人很高兴的具体表现方式多种多样，作为实况描述就是要把当时这名幼儿高兴的表现方式（即外显行为）具体地描述出来。读者阅读具体的描述后，自然就知道所描述的这名幼儿是高兴的。换言之，结论是读者阅读描述后所做的判定，而不是记录者直接告诉读者。

课程记录是为分析与跟进而服务的。分析准确了，所跟进的策略也才能有效。分析是对课程记录所承载的“后台信息”进行“前置解读”。分析应有点题或点睛之效，不能本末倒置，即分析的内容远远超过描述的篇幅；且所分析的结论，在课程记录中应该可以找到相应的佐证。有的教师所分析的结论，在记录中并无相应的描述，其可能的原因是教师将分析当作描述，没有弄清楚二者区别；或是本人是当事者，直接省略了记录应呈现的内容，想当然地认为读者也会清楚省略了的内容。

（九）主题课程实施的评价

主题课程实施的评价问题，涉及评价取向、评价主体、评价内容、评价方式等问题。这里仅从教师个体在所承担的主题课程实施的这一维度，介绍三种比较常用的评价方式。

1. 主题课程设计整体评估

主题课程设计整体评估，是教师在课程实施中必做的一项评价工作，主要是教师对所设计的主题课程方案做预先的检核评估，检核主题课程设计方案的适宜性，并根据评估结果及时地加以修订，以提高主题课程的实施效果（参见表 5-5）。主题课程设计整体评估，属于主题课程实施前的评价。

表 5-5　主题课程设计整体检核评估表①

<table>
<tr><td>班级</td><td colspan="3"><table><tr><td></td><td>主题名称</td><td></td></tr></table></td><td rowspan="2">调整建议</td></tr>
<tr><td>项目</td><td>内　容</td><td>是</td><td>否</td></tr>
<tr><td rowspan="4">主题</td><td>1. 是否符合幼儿的兴趣与需要</td><td></td><td></td><td rowspan="4"></td></tr>
<tr><td>2. 是否包含多方面的教育价值、有助于达成多项教育目标</td><td></td><td></td></tr>
<tr><td>3. 是否涉及各个学习领域</td><td></td><td></td></tr>
<tr><td>4. 是否具有可行性</td><td></td><td></td></tr>
</table>

① 冯晓霞. 幼儿园课程［M］. 北京：北京师范大学出版社，2000：213.

续表

班级		主题名称			调整建议
项目	内　　容		是	否	
目标	1. 单元目标是否符合幼儿教育目的和课程总目标				
	2. 目标是否符合幼儿的发展水平				
	3. 目标是否包含认知、情感态度、动作技能三大教育目标领域				
	4. 单元目标与具体活动的目标是否吻合				
	5. 本单元目标是否是上一单元目标的延续与发展				
内容	1. 内容与目标之间是否对应				
	2. 内容是否符合幼儿的发展程度（难易度）				
	3. 内容是否符合幼儿的兴趣与需求				
	4. 内容是否涉及主要课程领域				
	5. 内容是否动静态的活动均顾及				
	6. 内容是否注意到季节性				
	7. 内容是否突显地方性				
	8. 内容是否注意到文化的传承与介绍				
活动准备	1. 知识经验的准备是否充分				
	2. 教具、学具或操作材料是否合适且充分				
	3. 活动空间或地点是否合理				
	4. 环境的创设是否丰富、与主题相符				
方法	1. 采用的教学方法能否充分反映内容的特质				
	2. 教学方法是否符合幼儿的学习方式的特点				
	3. 活动流程的转换是否合宜				
	4. 教具或资源的使用是否合宜				
	5. 对活动过程中可能出现的问题是否有所准备				

2. 具体教育活动效果评价

具体教育活动效果评价，指的是评价区域活动和集体教学活动实施的效果。评价的方式可以采用表格式，也可以采用描述式（即撰写“活动反思”）。表格式活动效果评价的项目主要有：“我采用的指导策略合适吗？我设计的活动形式有趣吗？我预期的活动目标达成了吗？……”采用等级评价法，即按“1、2、3、4”进行评价，无法涵盖在评价项目与评价等级范畴的但认为是应该评价的内容，则以“存在问题与分析”的形式呈现（参见表 5-6）。

表 5-6　具体教育活动效果评价表

评价项目	等级				存在问题与分析
	4	3	2	1	
我采用的指导策略合适吗？					
我设计的活动形式有趣吗？					
我预期的活动目标达成了吗？					
备　注	“4”表示“好”，“3”表示“较好”，“2”表示“一般”，“1”表示“待加强”。				

3. 主题课程效果评价

教师在完成主题课程实施记录之后，往往需要对主题课程实施情况进行小结。主题课程实施的小结，一般通过比较全面地回顾与评估该主题课程所带给幼儿的实际经验，比照原拟定的主题课程目标，对主题课程目标的达成情况进行评估，以作为下次开展另一个主题课程的参考。

关于主题课程实施效果的有效性评价，有学者建议可以从以下几个方面进行①：

（1）主题内容的趣味性、适切性、教育性；

（2）课程实施过程中幼儿的探究性、体验性、主动参与性；

（3）主题开展能否有效利用环境资源；

（4）主题课程是否有明确的目标指向，幼儿相关的核心能力是否得到培养；

（5）能否实现主题背景下各领域的有机渗透和自然整合；

（6）是否有显性的主题化环境和儿童整体感知的学习历程，教学和游戏是否相辅相成。

当然，教师也可以不采用评估目标达成度这一导向，而是针对主题课程实施过程中教师的活动组织与指导策略的有效性方面，谈谈自己的感悟与收获，即所谓的“我们的感悟”。当然，也可以是两者皆有之，既评估主题课程目标的达成情况，也谈个人在整个主题课程实施中的教学反思与感悟。

① 庄春梅. 漫谈主题活动课程，幼儿教育导读（幼教版），2013（1）.

（十）主题课程资源库的建设

在主题课程实施过程中，诸如活动方案的设计、活动材料的收集、活动环境的创设等工作，需要耗费教师不少精力。主题课程结束后，园长或教师往往缺乏将这些宝贵的资料进行整理与保存的意识，这不仅会在无形中增加教师日后开展相应主题课程的难度，也不利于幼儿园积累富有本园特色、经实践验证行之有效的主题课程方案。因而，笔者认为在主题课程实施过程中应将主题课程资源库的建设问题重视起来。

那么，如何做好幼儿园主题课程资源库的建设工作呢？一是明确主题课程资源库建设的基本内容。凡是在主题课程实施过程中涉及的相关素材，如音频、视频、活动材料（教具与学具）、挂图、图书、课件、环境创设、方案设计等，都应加以整理并以一定方式保存。有的素材适宜以电子方式保存；有的实物类不方便保存，但也应以照片形式或文字说明（如注明图书资料来源）的方式加以保存。二是幼儿园应借助现代教育信息技术，建立园内局域网，并将相关资料归类存档，以便于教师随时提取。三是每位教师应及时整理主题课程实施过程的相关资料，并以适当方式加以保存，即建立教师个人层面的主题课程资源库。四是园方应以年龄班为单位，针对一些常开展的经典性主题课程，如节庆类、入园升学或升班类、季节变化类、经典幼儿文学类、本土经典课程资源运用类等主题课程，通过“推优”形式遴选出优秀的主题课程方案，并将其纳入幼儿园主题课程资源库。五是属于幼儿园层面的幼儿园主题课程资源库，应建立学期或学年更新机制，即定期对经典性主题课程方案进行不断优化，不断提高幼儿园层面的幼儿园主题课程资源库的质量。

第六章　主题课程设计与实施案例

前面五章的内容，主要阐述了主题课程设计与实施的相关基础知识。在幼儿园主题课程的具体实践中，由于不同幼儿园的课程建设理念、课程运行惯习、教师课程素养等方面的不同，所呈现的主题课程样态也不尽相同。本章所选取的三个不同主题课程实施案例，在说明主题课程具体如何实操的同时，也旨在展示主题课程样态的多样性。

可爱的小动物（小班）①

一、主题来源

动物是人类的朋友，喜爱动物是幼儿的天性。幼儿和动物之间，似乎有着天然的联系。千奇百怪的动物总能够引起幼儿的注意。幼儿对不同种类的动物充满了好奇心与探索兴趣。近来班级自然角新饲养的小乌龟引起了越来越多幼儿的关注与讨论。为了让幼儿对乌龟有更全面的了解，以及让幼儿了解一些照料乌龟的常识，我们决定根据幼儿喜爱动物的特点，围绕“可爱的小动物”这一话题开展系列活动。该主题课程旨在增进幼儿对动物的喜爱之情，引导幼儿与动物建立更为亲近的关系，以及逐步了解与掌握照料动物的简单方法。

二、主题目标

1. 了解生活中常见动物的名称、主要外形特征和生活习性，了解接近动

① 本案例由泉州市刺桐幼儿园黄慧君提供，笔者做了调整与修改，活动开展的时间为 2019 年 10—11 月。

物的方法，喜欢与爱护动物。

2. 对与动物有关的体育游戏感兴趣，在教师的提醒下能遵守游戏规则。

3. 能基本理解有关动物的故事或儿歌的内容，能注意倾听教师和同伴的讲述，愿意表达自己对动物的认识和感受。

4. 知道不同的动物有不同的形态，喜欢模仿与扮演动物进行表演。

三、主题课程网络图

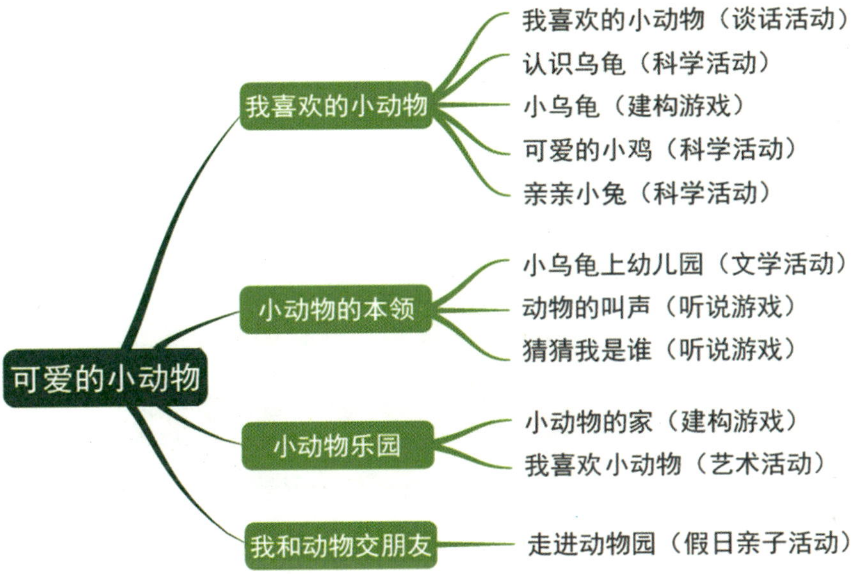

四、主题环境创设与资源利用

项目			内容
环境创设	区域活动	语言区	• 提供有关动物的图片、图书，供幼儿阅读、欣赏。
		科学区	• 提供鸡、鸭、兔子、乌龟、金鱼等常见动物的标本或活体，引导幼儿观察、了解自己喜欢的动物的外形特征和生活习性，互相交流、分享自己的观察情况。 • 提供陆地、天空、水面等背景图片和动物图片，引导幼儿玩“动物找家”的游戏。 • 提供“动物喂食”的玩具，引导幼儿玩“动物爱吃什么”的游戏。 • 提供动物图片，引导幼儿学习从不同的角度进行分类。

项目			内容
环境创设	区域活动	美工区	·提供鳄鱼、长颈鹿、斑马等幼儿喜欢的动物形象轮廓，引导幼儿运用撕贴、涂鸦、拓印等方式进行装饰和表现动物的外形特征。 ·提供纸筒、纸盘、盒子、固体胶等材料，引导幼儿运用定点粘贴的方法制作自己喜欢的动物玩偶。
		戏偶区	·提供小羊、小兔、狼等动物木偶，引导幼儿与同伴一起表演故事《三只羊》《小兔乖乖》等。 ·提供动物头饰及服装、报纸、塑料布等，引导幼儿装扮成不同的动物进行情境表演。
		建构区	·提供动物拼插玩具，引导幼儿拼插动物。 ·提供与建造“动物的家”有关的建构材料，引导幼儿根据动物的生活环境搭建自己心目中的小动物家园。
	主题墙饰		
资源利用	家长		·利用节假日开展假日亲子活动，引导幼儿走进花鸟市场、超市生鲜区、菜市场等场所，观看、了解生活中常见的动物。 ·家长与幼儿一同完成“我喜欢的小动物”活动调查表。 ·帮助幼儿搜集有关动物外形特征和生活习性的资料。
	幼儿园		·利用幼儿园的木偶资源，引导幼儿欣赏、感受、制作自己喜欢的动物玩偶。
	社区		·利用社区资源开展假日亲子活动，引导幼儿了解常见动物的外形特征和习性特征。

五、主题课程实施与指导

活动一：我喜欢的小动物（谈话活动）

活动目标

·愿意与同伴交流自己喜欢的小动物。

· 知道自己喜欢的小动物的外形特征、生活习性和特殊本领。

活动准备

· 经验准备：幼儿能说出自己喜欢的小动物，并提前与家长一起完成“我喜欢的小动物”活动调查表。

· 材料准备：每个幼儿一张“我喜欢的小动物”活动调查表。

活动过程

1. 将幼儿的活动调查表进行分类，并张贴在主题展板上。

2. 引导幼儿交流自己喜欢的小动物的外形特征、生活习性和特殊本领。

（1）以问题方式引导幼儿在小组中与同伴自由交流。

（2）请个别幼儿在集体面前进行交流。

（3）对幼儿交流情况进行小结。

3. 了解并统计班级幼儿对小动物的喜好，并及时与幼儿分享。

活动资料

“我喜欢的小动物”活动调查表

班级：小三班　　　　　　　　　　姓名：

我喜欢的小动物	它有什么本领？
它喜欢吃什么？	它住在哪里？
为什么喜欢它？	

活动二：认识乌龟（科学活动）

活动目标

·认识乌龟的外形特征，初步了解乌龟的生活习性。

·愿意照料自然角饲养的乌龟。

活动准备

·经验准备：幼儿观察过乌龟，对乌龟的外形有初步的认知。

·材料准备：乌龟一只（放入玻璃缸中），有关乌龟的课件，乌龟爬行和游泳的视频。

活动重难点

·重点：了解乌龟的外形特征，并能清楚地表达。

·难点：知道乌龟是两栖动物，初步了解乌龟的生活习性。

活动过程

1. 游戏导入，激发幼儿参与活动的兴趣。

教师："小朋友，今天我们班上来了一个小客人，你们猜一猜它是谁！这个小客人身穿硬甲壳，四脚慢慢爬，别人欺负它，快快躲回家。请小朋友动动脑筋猜一猜，这个小客人到底是谁呢？"

2. 指导幼儿观察，感知乌龟的外形特征。

（1）引导幼儿自由观察乌龟，了解乌龟的外形特征。

教师："老师把乌龟请到我们班来做客了，大家一起来看看乌龟长什么样吧！"（重点引导幼儿观察乌龟的头、背、四肢、尾部）

（2）问题引导，鼓励幼儿交流分享自己的发现。

①教师："乌龟有几条腿？几只眼睛？乌龟背上硬硬的是什么？遇到危险时，它会怎么样？"

②小结："乌龟有可以伸缩的头，有四条短短的腿，有一条小尾巴，还有硬硬的龟壳。害怕时，它就把头、四肢和尾巴缩入壳内。"

3. 播放课件，引导幼儿初步了解乌龟的生活习性。

（1）教师："现在我们一起来看看乌龟在地上会怎么样。"

（2）教师："乌龟在地上是怎样爬行的？"（四肢很短，爬行很慢）

（3）教师："我们刚刚看到乌龟在地上爬行，那它到水里又会怎么样呢？"（引导幼儿模仿乌龟游泳的动作）

（4）小结："乌龟生活在水里和阴暗潮湿的地方。它在水里会游泳，在地上又会爬行。"

4. 联系实际生活，讨论在班级自然角饲养乌龟的照料方式。

（1）教师："乌龟是我们的好朋友，你们愿意照料乌龟吗？那我们要怎样保护它？"

（2）小结："我们要按时给乌龟喂食，定期换水，好好照料它们，保护它们。"

活动三：小乌龟上幼儿园（文学活动）

活动目标

- 能听懂故事内容，能理解画面内容与故事内容的对应关系。
- 能注意倾听教师讲述故事，体验听故事的乐趣。

活动准备

- 经验准备：幼儿已有上幼儿园的经验。
- 材料准备：故事《小乌龟上幼儿园》的图片，小乌龟一只。

活动重难点

- 重点：能仔细观察图片，理解故事内容。
- 难点：能用语言清晰地讲述图片上的内容。

活动过程

1. 出示小乌龟，引入活动，激发幼儿兴趣。

教师："小朋友，这只小动物叫什么名字呢？小乌龟也要上幼儿园，我们来看看它是怎么上幼儿园的。"

2. 讲故事，引导幼儿理解并感知故事情节。

（1）结合故事图片，第一次完整讲述故事《小乌龟上幼儿园》。

（2）分段讲述故事情节，帮助幼儿理解故事内容。

教师："小乌龟第一天去哪里啊？小朋友在小乌龟背上面做什么事情？小乌龟哭了没？为什么它后来没有哭呢？"

(3) 再次完整讲述故事，边讲边引导幼儿模仿故事里的对话。

3. 结合图片，引导幼儿跟着教师完整讲述故事。

4. 小结："小朋友们是小三班的小宝贝，幼儿园就像我们的家一样，在这里有老师、伙伴，我们可以一起玩游戏、玩玩具，快乐成长！"

活动资料

小乌龟上幼儿园（故事）

今天是小乌龟上幼儿园的第一天。幼儿园里的人，小乌龟一个都不认识，他害怕地把头、手和脚通通缩进乌龟壳里。

小青蛙走过来："咦？这是什么东西呢？"小青蛙爬上乌龟壳，在上面跳上跳下，太好玩了！

小鸭子走过来："咦？这是什么东西呢？"他拿起鼓槌在乌龟壳上敲啊敲，又"嘎嘎嘎"地大声唱歌，太好玩了！

两只小鸡走过来："咦？这是什么东西呢？"他们一起在乌龟壳上画蚯蚓，太好玩了！

小乌龟缩在壳里，忍不住大哭大叫起来。小青蛙、小鸭子和小鸡都吓了一跳："啊！他会动，还会说话呀！"

小青蛙、小鸭子、小鸡高兴地邀请小乌龟和他们一起玩。他们组成了一个乐队，大家一起唱唱跳跳，真是太好玩了！

活动四：小乌龟（建构游戏）

活动目标

· 喜欢建构活动，进一步学会拼插、连接的方法。

· 懂得爱护花片，懂得爱护所建构的作品。

活动目标

· 经验准备：幼儿已了解花片的名称和玩法，了解乌龟的外形特征。

· 材料准备：花片，教师拼插的小乌龟范例。

活动过程

1. 出示教师拼插的小乌龟范例，引导幼儿观察。

教师："小朋友们，这是什么呢？它是用什么拼出来的？先拼什么？再拼什么？"

2. 讲解示范拼插小乌龟的方法。

教师："先用花片拼出一朵花；再取六片花片斜插在每一片花瓣上，拼成碗状，将碗倒扣作小乌龟的身体；然后依次拼出头部、四肢和尾巴。拼的时候不要拼歪了，每一片都要插紧。"

3. 提出活动要求。

（1）搭配颜色，身体一种颜色，头部、四肢和尾巴一种颜色。

（2）拼插时要用力插牢。

（3）爱护花片，用一片拿一片。

（4）坐在位置上安静地游戏。

4. 引导幼儿动手学习拼插花片。

（1）分成六桌，每桌两小筐不同颜色的花片，鼓励幼儿大胆尝试拼插。

（2）提醒幼儿不争抢花片，要求幼儿爱护花片，不把花片扔在地上。

（3）对不同幼儿提出不同的活动要求。

①鼓励能力较强的幼儿搭配颜色，拼得牢固。

②提醒能力中等的幼儿注意将花片插牢，身体的颜色要和其他颜色不同。

③引导能力较弱的幼儿正确拼插花片，尽量搭配颜色。

5. 展示幼儿的作品，小结评价。

（1）教师："你们今天拼成功了吗？你们是怎么插牢的？还能让小乌龟变出什么不同的形状？"

（2）小结："有些小朋友能拼出小乌龟，颜色搭配得好，也拼插得牢固。"

6. 结束活动，将幼儿作品进行展示、分享与交流。

活动五：可爱的小鸡（科学活动）

活动目标

- 初步了解小鸡出壳后的生长过程。
- 初步了解鸡的身体结构，知道鸡身体各部分的名称。

活动准备

- 经验准备：幼儿事先观察过鸡。

· 材料准备：小鸡和公鸡的图片，小鸡出壳的图片或视频。

活动重难点

· 重点：了解鸡的身体结构，知道鸡身体各部分的名称。

· 难点：了解小鸡出壳后的生长过程。

活动过程

1. 出示小鸡图片，导入活动。

（1）教师："我们班来了个客人，看看是谁！它是什么样子的？"

（2）小结："小鸡是黄黄的，有毛茸茸的羽毛、尖尖的小嘴。"

2. 出示小鸡出壳的图片或播放视频，引导幼儿观察并自由交谈。

（1）教师："小鸡从哪儿来的？"

（2）教师："小鸡是怎样出壳的？"

3. 引导幼儿讲述小鸡出壳的全过程。

（1）教师运用肢体动作表现小鸡出壳的过程，丰富幼儿词汇"啄破蛋壳""钻出来"。

（2）小结："经过母鸡孵蛋，小鸡啄破蛋壳，从鸡蛋里钻出来。"

4. 出示公鸡图片，引导幼儿认识鸡的身体结构。

教师："小鸡长大后是什么样的？这是什么鸡？你们能说出它身体每个部分的名称吗？"

活动六：亲亲小兔（科学活动）

活动目标

· 能按提示学习有序地对小兔进行观察。

· 初步掌握小兔的主要外形特征，了解小兔的生活习性。

· 愿意参与照料小兔的活动。

活动准备

· 经验准备：幼儿近距离观察过或饲养过小兔，对小兔的外形有初步的了解。

· 材料准备：有关小兔的视频和课件。

活动过程

1. 猜谜引入，激发幼儿参与活动的兴趣。

引导语："小朋友们，我这里有一个谜语。耳朵长，尾巴短，一张嘴巴分三瓣，后腿长前腿短，蹦蹦跳跳真可爱。大家猜猜是什么动物。"

2. 播放小兔的视频，引导幼儿感知小兔的主要外形特征。

（1）讨论："①小兔的身上有什么？毛是什么颜色的？摸上去感觉怎么样？②小兔的耳朵是什么样的？嘴巴是什么样的？嘴边还长着什么？③小兔的身体后面有什么？尾巴是什么样的？④小兔有几条腿？四条腿一样长吗？小兔是怎样走路的？"

（2）小结："①小兔身上有毛，毛有白色、黑色和灰色的，摸上去毛茸茸的。②兔子的耳朵长长的，嘴巴是三瓣的，嘴边还有胡须。③小兔的身体后面有尾巴，尾巴短短的。④小兔有四条腿，前腿短，后腿长，走起路来蹦蹦跳跳。"

3. 结合课件，引导幼儿初步了解小兔的生活习性。

（1）讨论并小结："小兔喜欢吃什么？"

（2）集体讨论，进一步了解小兔的生活习性。

①讨论："小兔是怎样活动的？如何饲养小兔呢？"

②小结："小兔白天较安静，喜欢晚上活动。小兔胆小，很会跳。给小兔喂食要定时定量，早晚各喂一次。小兔需要喝水，但不能喝生水。小兔很爱干净，应将它放在干燥的地方。小兔的大便通常是坚硬、滚圆的黑色小颗粒，要关注小兔的排便情况。"

活动延伸

- 请家里有饲养小兔的家长引导幼儿观察、喂养小兔。
- 结合美术活动，引导幼儿画小兔；结合语言活动，给幼儿讲有关小兔的故事。

活动七：动物的叫声（听说游戏）

活动目标

- 能听清动物的名称，模仿动物的叫声。
- 能遵守听说游戏规则，体验参与游戏活动的快乐。

活动准备

- 经验准备：幼儿初步了解猫、狗、鸡、鸭的叫声。

· 材料准备：猫、狗、鸡、鸭等动物木偶各一个。

活动重难点

· 重点：能根据动物的名称模仿叫声。

· 难点：能认真倾听，并做出反应。

活动过程

1. 以公鸡木偶的表演引入活动，引导幼儿学说“喔喔喔，早上好”。

2. 逐一出示动物木偶，引导幼儿说出动物的名称和叫声。

教师：“这是谁呀？它是怎么叫的呢？”

3. 讲解游戏玩法与规则，引导幼儿进行游戏。

（1）游戏玩法与规则：幼儿听完教师说的动物名称后，可边做手势边学动物的叫声；也可让个别幼儿学动物叫声，其他幼儿说出动物的名称。

（2）引导幼儿进行游戏，鼓励能力弱的幼儿认真倾听。

4. 引导幼儿自主分组游戏。

活动八：猜猜我是谁（听说游戏）

活动目标

· 学习用“我猜你是……”的句式表达自己的猜测。

· 愿意与同伴、教师互动，表达自己的想法。

活动准备

· 经验准备：幼儿初步认识班级的同伴。

· 材料准备：课件、大头娃娃头套。

活动重难点

· 重难点：学习用“我猜你是……”的句式表达自己的猜测。

活动过程

1. 谈话导入，激发幼儿兴趣。

教师：“今天我们来玩一个新的游戏，游戏的名称叫‘猜猜我是谁’。”

2. 结合课件，引导幼儿学习用“我猜你是……”的句式表达猜测内容。

（1）播放课件画面一（七星瓢虫花纹），引发幼儿的猜测。

①教师：“请你猜猜我是谁！”（幼儿用“我猜你是……”的句式表达猜测

内容，下同）

②教师："有个朋友来跟我们玩游戏了。听听它说了什么，谁来猜猜它是谁呢？看看它身上有什么。"

③教师："我们一起用完整、好听的话把它请出来。"

（2）播放七星瓢虫画面，引导幼儿点数瓢虫身上的圆点，了解七星瓢虫的名称。

2. 播放课件画面二（青蛙嘴巴），引发幼儿的猜测并模仿。

（1）教师："又有一个朋友来和我们做游戏了。请你猜猜我是谁。"

（2）播放青蛙画面，引导幼儿说说青蛙有什么本领。

（3）带领幼儿有节奏地边模仿青蛙的叫声边跳。

教师："我们一起来学学青蛙捉害虫吧。"

3. 播放课件画面三（蜜蜂背部花纹），引发幼儿的猜测并模仿。

（1）教师："这个游戏太好玩了，有个朋友也想玩，它寄来了一张关于它的照片，你们看！请你猜猜我是谁。"

（2）播放蜜蜂画面，师幼共同模仿蜜蜂采花蜜的情景。

教师："让我们跟着蜜蜂一起飞到花园里采花蜜吧。"

4. 小结三种动物的特征。

（1）教师："刚才有几个朋友跟我们玩游戏了？它们是谁呢？"（根据幼儿的回答一一播放相应动物的画面）

（2）教师："我们一起来看看这些朋友各有哪些特征。七星瓢虫身上有黑色的小圆点，青蛙有大大的嘴巴，蜜蜂身上有黄色和黑色的条纹。"

（3）教师："每一个动物朋友都有它自己的特征。刚才这三个动物朋友跟我们玩了游戏，还有其他动物朋友也要来跟我们玩游戏。等一会儿，我们可要仔细看看它有什么特征，猜猜它是谁。"

5. 教师与幼儿玩"猜猜我是谁"的游戏。

邀请一名教师及幼儿参与游戏活动，戴上大头娃娃头套，说出某动物的特征，或做出某动物的动作，分别请幼儿猜测，鼓励幼儿用"我猜你是……"的句式表达猜测内容。

活动延伸

- 区域活动中，鼓励幼儿与同伴玩"猜猜我是谁"的游戏。

活动九：小动物的家（建构游戏）

活动目标

·喜欢建构游戏，能与同伴初步合作建构动物园，体验建构游戏的乐趣。

·掌握孔对孔拼插、围合、垒高等建构方法，初步尝试使用生活材料、积塑等进行建构。

活动准备

·经验准备：幼儿参观过动物园，对动物园有一定的认识；幼儿初步掌握孔对孔拼插、围合、垒高等建构方法。

·材料准备：绿色、红色的长条积塑，太空积塑，城堡积塑，炮筒积塑，斗笠，纸板，PVC管，大花片，小花片，托盘，花草模型。

活动过程

1. 谈话导入，激发幼儿兴趣。

（1）教师："小朋友们，今天我们要来当小工程师，给动物们建一个漂亮的家。我们需要建些什么呢？"

（2）教师："我们可以用什么方法来把动物的家隔开？（围墙）你们想用什么材料建围墙？想怎么建？建在哪里？"

（3）小结："每一种动物都有自己的家。我们可以用围墙把它们的家分开。围墙可以使用长条积塑、大花片、PVC管等材料进行建构。"

2. 提出建构要求。

（1）与同伴分工合作，一起建构。

（2）大胆动脑，发挥想象，建构有特色的小动物的家。

（3）爱惜材料和作品。

3. 幼儿自主游戏，教师观察指导。

（1）教师观察指导，鼓励幼儿根据自己的意愿选择喜欢的部分进行建构。

（2）观察幼儿建构的情况，对不同游戏水平的幼儿提出不同的建构要求。

①要求能力较强的幼儿独立使用太空积塑运用拼接和垒高的技能建构小动物的家，使用花片斜插的方法建构鸭子、乌龟等不同动物的形象。

②引导能力中等的幼儿按照ABAB的规律建构围墙。

③采用与幼儿共同建构的方式，引导能力较弱的幼儿和教师一起建构围墙。

4. 幼儿作品展示与分享交流，自然结束活动。

教师："你们觉得哪个家更漂亮？你们最喜欢哪个家？为什么？"

活动十：我喜欢小动物（艺术活动）

活动目标

- 初步学会运用撕、粘贴等方法，利用纸筒制作简单的纸筒偶。
- 体验制作动物纸筒偶的乐趣，能操作自制的纸筒偶。

活动准备

- 经验准备：幼儿有撕、粘贴、团纸等经验。
- 材料准备：形态各异的纸筒偶作品、范例图片，纸筒，固体胶，油画棒，贴纸，深色皱纹纸。

活动重难点

- 重点：运用撕、粘贴等方法，利用纸筒制作简单的纸筒偶。
- 难点：合理地将皱纹纸分布在纸筒顶端，作为动物的头发。

活动过程

1. 设置情境，谈话导入。

教师："今天，童话王国举办盛大的晚会，国王邀请了不同的纸筒偶去参加，我们先来看一看童话王国里的纸筒偶吧。"

2. 出示纸筒偶作品，并利用多媒体设备引导幼儿欣赏形态各异的纸筒偶范例，感受作品的美和奇妙。

（1）教师："纸筒偶是用什么材料做成的？"

（2）小结："纸筒偶是用纸筒做的。人们用皱纹纸做纸筒偶的头发，用油画棒画出眼睛、嘴巴，还用彩纸装饰。"

3. 演示纸筒偶的制作方法，引发幼儿的制作兴趣。

教师："先用油画棒在纸筒的合适位置画出眼睛、嘴巴；再将皱纹纸撕成条，用固体胶粘在纸筒的顶端，做成头发；最后用贴纸装饰纸筒偶。”

4. 提出活动要求。

（1）使用工具时要注意安全。

（2）不浪费材料，保持环境整洁。

（3）认真制作纸筒偶，爱护作品。

5. 幼儿制作，教师巡回指导。

（1）教师巡回观察幼儿制作的情况，鼓励幼儿大胆动手制作，根据每个幼儿的制作情况适当提供技能示范指导，如提醒幼儿在画眼睛、嘴巴时要注意眼睛、嘴巴的比例。

（2）提醒幼儿保持桌面和地面的整洁，引导幼儿不浪费材料。

（3）鼓励能力较强的幼儿大胆地利用材料完整地制作纸筒偶，指导能力中等和较弱的幼儿正确使用固体胶。

6. 作品分享与交流。

（1）引导幼儿自由操作自制纸筒偶。

（2）对幼儿的制作过程进行小结，并表扬制作完整、正确使用固体胶的幼儿。

六、主题课程小结

本主题课程历时一个多月。在实施这个主题课程的过程中，我们开展了不同领域的集体教学活动、区域游戏、创造性游戏等丰富的活动，取得了圆满成功。现将本主题课程的效果及感受小结如下。

（一）发挥家园共育力量，扎实推进活动的开展

幼儿的学习与发展具有一般性和特殊性，良好的家园配合有利于更好地因材施教，满足幼儿对自己所感兴趣的知识点的需求。在本主题课程的实施中，我们利用学期初家长会向家长们介绍了本学期班级主题课程的总体思路，通过对话的形式，让家长们明白幼儿已有知识经验在集体教育教学中的分享与带动作用，调动了家长、幼儿主动参与课程建构的积极性。因此，在主题课程的实施过程中，家长们会主动与幼儿一起收集各种动物的图片、资料、

玩具，也会在班级群主动分享关于该主题的手工、故事、儿歌。在家园的有力配合下，幼儿参与课程的积极性大大提高，不断地与同伴交流、分享自己掌握的关于动物的知识。

（二）利用现代信息技术，有效突破教学的难点

在我们日常教育教学过程中，由于环境条件、卫生要求等，会有一些局限性。因此，在集体教学活动中，我们充分地利用各种现代信息技术制作生动的多媒体课件，并利用信息平台与家长们分享，进一步激发幼儿的兴趣，突破教学重点和难点，提高课程活动的质量。

因此，除了主题内容来源于幼儿兴趣、贴近幼儿生活经验外，上述关于大力激发家长参教意识和对现代信息技术的充分运用，乃是本主题课程能成功地达到预期活动效果的经验所在。

关于“可爱的小动物”主题课程设计与实施案例的相关说明

“可爱的小动物”主题课程的实施途径与形式突显了多样化，园外活动有亲子调查与参访学习，园内活动的形式包括集体教学活动、游戏活动、区域活动以及主题课程环境创设。应该说，该主题课程在内容、手段、途径、方式方法上，较好地体现出主题课程的整合性特征，尤其是在主题课程实施方式上已经告别了过去过度依赖于集体教学活动的做法。但如果在区域活动的组织与指导上，能将区域活动阶段活动效果做一定的观察记录与评估并根据观察评估进行相应的调整，以“观察记录—反思—调整”的方式呈现区域活动推进过程，则更能体现区域活动对整个主题课程的贡献。当然，纵观这个主题课程实施的全过程，若能适当增加生成活动的比例，则更能彰显课程与幼儿兴趣的内在关系。

探寻闽南红烟炙砖（中班）①

一、主题由来

泉州市区的城南，有着古时泉州港货物进出城的重要码头，至今尚保留着许多史迹，成为了解与体验“海丝文化”的重要地方。我园地处历史悠久的“海丝文化”的环境之中，多年来致力于传统优秀文化的传承工作，在课程建设工作中非常重视充分挖掘周边的各种有效资源。因此，教师经常带幼儿外出游城南，穿梭于富有历史气息的古巷中，探寻历史留给我们的“宝藏”。

有一天，幼儿发现了一块空地，空地上布满了红色的砖块，少数完整，但多数破裂了。幼儿很好奇，纷纷去捡砖块。通过你一言我一语的讨论，他们最后确定：这是一栋被拆了的古厝，所以地上不是水泥，也不是泥土，而是一块块破旧的红砖。接着他们还发现一面墙，墙灰完全掉落，露出一面用红砖搭建的墙。探寻红砖便在这样的不经意中成为我们穿行城南小巷的研学目标。通过仔细的搜寻，幼儿找到了正方形、六边形的红色地砖，三角形、圆形的红色瓦片，还有不同规格的长方形红色墙砖。就在分享这些“考察成果”时，有名幼儿突然提出了问题：“为什么它们都是红色的呢？这里为什么会有那么多红砖搭建的古厝呢？”这两个问题着实一下子将大家难住了，但幼儿很快就进入寻找答案的思索之中。经过短暂的思考后，幼儿争先恐后地发表自己的看法……从幼儿的神情和行为表现可以看出，他们已被红砖的魅力所吸引，并产生了浓厚的探究兴趣。

幼儿眼中红砖的红，其实就是闽南传统民居的代表色彩，俗称“闽南红”。“闽南红”的物品包括红色的屋瓦、红色的地砖、红色的窗户、红色的墙等，泥水匠又将其统称为“红料”。经过班级教师的共同商议，我们决定以常见的闽南红砖——烟炙砖为载体，围绕了解烟炙砖的由来、制作技术、历史作用、美学价值等展开系列活动，在促进幼儿科学探索、语言交流、社会交往、艺术表现等方面发展的同时，也对幼儿进行闽南优秀传统文化传承教育。“探寻闽南红烟炙砖”主题课程就这样应运而生。

① 本案例由泉州市鲤城区传春幼儿园庄春玉提供，笔者根据需要做了修改与调整，活动开展的时间为2017年3—6月。

二、主题目标

1. 了解烟炙砖的由来、制作技术、传统纹样的不同寓意及其实用价值，对生活中常见的符号、标志感兴趣，知道它们表达一定的意义。

2. 感受红砖文化独特的美感，在参与红砖墙体创作中能够调整红砖数量、方位，进行创意组合。

3. 能有序取放操作材料，活动后能主动整理并物归原处，遇到困难能主动想办法解决或寻求帮助。

4. 能认真倾听他人想法，愿意将自己所了解的有关烟炙砖的趣闻、体验和同伴交流分享，讲述比较连贯。

三、主题课程实施路径设想

1. 创设烟炙砖博物区，支持主题课程实施。

主题课程的实施需要相应的课程资源做支撑。在实施这一主题课程时，我们认为，尽管幼儿园周边用烟炙砖搭建的古厝比比皆是，但毕竟这些烟炙砖砌在墙上、铺在室内地上、盖在屋顶等，不便于幼儿进一步观察与探究。为更好地支持幼儿对烟炙砖的探究，让幼儿能够围绕烟炙砖开展有意义的系列活动，我们决定在活动室的一角设置一个烟炙砖博物区。师幼一起收集各种烟炙砖实物，如地砖、墙砖、瓦当、花头、垂珠、筒瓦等，并将其分门别类地摆放与展示出来，供幼儿随时观赏、触摸、摆弄、探究。

2. 寻找可操作的替代物，解决主题课程实施中的难题。

随着幼儿对烟炙砖探究的不断深入，幼儿必然会产生出模仿成人用烟炙砖砌墙建房的兴趣与需要。综合考虑幼儿园活动场所，以及如果采用真实的烟炙砖进行模拟建构可能带来诸多难以克服的困难，我们决定采用与烟炙砖比较接近的替代物，如网购的红纸盒砖、红色牛奶纸盒、红色烟盒等。我们认为这些可操作的替代物，既适合在幼儿园的活动空间建构，且便于幼儿多次重复性操作，也能基本满足幼儿模仿成人砌墙建房的需要。

3. 发挥家园共育的合力效力，共同保障主题课程的实施。

实施家园共育，有效促进幼儿身心发展，这是幼儿园教育工作的重要组成部分。幼儿园主题课程的实施，也应尽可能调动起家长参教的积极性。实践证明，一个主题课程要高质量地顺利实施与推进，如果仅靠园方和教师的力量是不够的，需要家长的支持和配合。家长的人力、物力、专业知识、信息资源等，是主题课程实施中不可或缺的重要资源。如通过亲子考察活动，让家长带孩子共同寻找用烟炙砖搭建的古厝，感受烟炙砖建筑物的独特美，并拍摄做素材；发动家长群策群力，帮忙收集主题课程所需的视频资源，如烧制烟炙砖、用烟炙砖砌墙、美丽的古厝红墙等视频。

4. 坚持活动类型与实施途径的多样化，深化主题课程的实施。

本主题课程的实施有机地整合了集体教学活动、生活活动、区域活动、游戏活动、自由活动、环境创设、园外亲子参观活动等活动类型，实施途径多样化。事实表明，活动类型与实施途径的多样化，带给幼儿的感受与体验也是多样化的。这不仅有助于进一步深化主题课程的实施，也促进幼儿在主题课程中进行主动学习，使主题课程成为幼儿一次难忘的认知与人际交往的探索之旅。

四、主题课程网络图

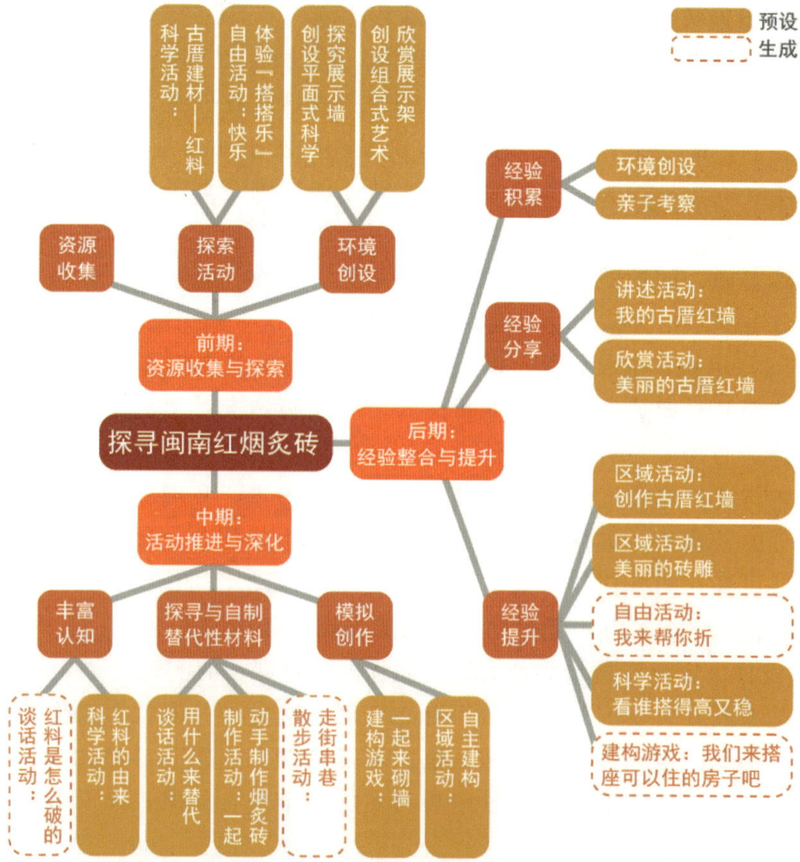

金教鞭

五、主题课程实施过程与记录

（一）前期：资源收集与探索

☆资源收集

每当一个新的班级组成，班级教师都会对全班幼儿家长的基本情况进行全面了解，为今后课程的实施建立起相应的家长资源库。从家长资源库中，我们发现已恒小朋友的妈妈供职于一家古建筑设计公司，负责古建筑保护修缮、古建筑和仿古建筑设计，曾参与泉州多处古建筑的保护、修缮、设计，对闽南古建筑有着丰富的经验。已恒妈妈的职业背景为我们开展“探寻闽南红烟炙砖”这一主题课程提供了强有力的支持，也是我们敢于开展这一主题课程的重要原因。

在家长的大力支持下，在主题课程开展之初，我们收集了课程实施所需的前期资源。

图 6-1　烟炙砖

图 6-2　筒瓦

图 6-3　垂珠

图 6-4　花头

图 6-5　地砖①

图 6-6　地砖②

图 6-7　瓦片

图 6-8　堆放在走廊墙角下的砖瓦

☆探索活动

科学活动：古厝建材——红料

活动目标

- 知道古厝建筑材料中的红砖、红瓦有个共同的名称叫红料。
- 了解红料的常见种类与用途，知道不同的红料有不同的用途。
- 体验参与探索古厝建筑材料的乐趣。

活动准备

- 探寻古厝时所拍摄的闽南红砖古厝等相关照片。
- 请家长帮忙收集各种各样的红料。

活动过程

1. 以简短的谈话引入活动，激发幼儿参与活动的兴趣。

引导语：“还记得我们上周五去青龙巷发现的旧房子吗？我们在巷子里找到了哪些红砖、红瓦？”

2. 逐一出示上次幼儿寻找古厝的活动照片，并组织相应的讨论与交流。

（1）介绍照片，加深幼儿对不同形状红砖、红瓦的认识。

上次探寻古厝的照片，很快地引起了幼儿的兴趣。幼儿回忆着，七嘴八舌地说着师幼一起找到的红砖、红瓦，发现它们有正方形、长方形、三角形、半圆形、六边形、花形等各种不同形状。

（2）引导幼儿讨论并了解其名称。

引导语：“这些不同形状的砖和瓦都是红色的，它们会不会是同一种材料做的呢？”

金教鞭

小结："这些红砖和红瓦可统称为红料。红砖还有个好听的名称叫烟炙砖。"

当教师介绍红砖还有个好听的名称叫烟炙砖时，有幼儿说："是不是我们古厝燕尾脊的那个'燕子'啊？"因为有着"燕子"形象的名称，烟炙砖很快就被幼儿牢牢记在脑中。

3. 出示闽南古厝的照片，感受红砖搭建的闽南古厝的独特美，了解烟炙砖是闽南古厝的主要建筑材料。

4. 幼儿观察、触摸、搬动家长收集来的各种红料，说说自己的感受。

幼儿争先恐后地看、摸、搬着家长们收集来的不同形状的红料。"这有个半圆形的。""这上面有龙的图案。""哇！快来搬搬这个，好重啊！""老师，老师，叶卓昊把瓦片弄破了！"……

图 6-9

图 6-10

活动反思

通过这个活动，幼儿对闽南古厝的主要建筑材料——红料有了初步的整体性认识，知道了红砖有个可爱的名称叫烟炙砖。在活动中，幼儿通过亲身体验感受红料，不仅对红料的形状感兴趣，还关注了红料上的图案、红料的轻重。最后有个幼儿不小心把红瓦踩破了，更激发了幼儿对红料制作材料和方法的探索兴趣。

自由活动：快乐体验"搭搭乐"

活动实录

今天班级购买的红料到了，虽然只有两种类型的红料，但幼儿还是很兴奋，跃跃欲试，想尝试用它们进行搭建。在征得教师的允许下，他们行动起来，有的铺平，有的围合，有的垒高。

琦博："老师，我这个像不像烟囱？"

逸芯："老师，我们在铺地板，是波浪形的。"

玲丹："老师，我们要搭房子，没有水泥粘住，老是倒啊！所以我只能搭座矮的，像不像蘑菇房子？"

宝烨哭丧着脸说："老师，我搭房子的时候倒下来，摔破了，怎么办？"

尾随宝烨后走来的诗晴也附和道："老师，我们没有水泥可以粘住这些砖，倒了又容易坏，我们只能几个人用手扶着。"

图 6-11　波浪形地板

图 6-12　蘑菇房子

活动反思

最近在自由活动环节，幼儿会充分利用时间用砖瓦进行建构，但受材料的限制以及砖瓦本身易碎的特性影响，幼儿无法根据自己的意愿创作作品，搭建的技能也无法很好地得以发挥。若真要弄很多砖瓦、水泥等实物材料让全班幼儿都有机会进行操作，又是不现实的。因而，如何解决这个难题成为本主题课程推进中不得不思考的问题。

☆环境创设

创设平面式科学探究展示墙

活动实录

收集来的红料因场地所限，只能堆放在活动室外边，幼儿虽然很感兴趣，想去看看、摸摸、摆摆、玩玩，可总是不方便。为了支持幼儿进一步探索，教师与幼儿一起讨论怎样摆放，最后幼儿提议将这些东西挂在墙上，于是师幼将这些红料进行组合，设置了以“家乡古厝”为主题的班级墙饰，借助木盒，运用悬挂、捆绑、置放等方式布置，既方便幼儿触摸、感受、体验，又不容易被损坏。

在自由活动时间，幼儿在刚布置好的墙饰前指指点点，相互交流着。

“这块砖比较重。”

“这块砖比较薄。”

“这块砖有条纹，我看到古厝墙壁就是用这种砖。”

“这块没条纹的是屋顶的，还是地板的呢？”

歆研摸着垂珠上的龙，问：“老师，这块三角形的，我上次搬特别重。我们上次在屋顶的旁边看到过，一整排。它上面的龙真神气！”

诗晴指着瓦片、花头，说：“对啊，老师，这些很多都是长方形的，应该都是砖。这块方的就是我们上次看到的破房子用来铺地板的。可这三角形的、半圆形的，还有被叶卓昊踩破的那块薄薄的，特别轻，我发现都是在屋顶上找到的。”

林希：“屋顶上的都是瓦片啦！”

诗晴：“不同的瓦片有没有不同的名称？”

教师：“这，我也不知道啊！不然你们去问问已恒妈妈，这些都是她帮忙收集的。”

放学时，幼儿迎来了家长，诗晴、林希这两个小能手赶紧逮住已恒的妈妈问东问西，然后心满意足地跑来向教师汇报：“那个三角形有龙的，阿姨说是下雨滴水的，雨滴像珍珠一样掉下来，所以有个好听的名称叫垂珠。那个圆形有花的叫花头，半圆形没花的是瓦当。卓昊踩破的薄的方的是瓦片。”

图 6-13　主题课程介绍墙

图 6-14　主题由来展示墙

图 6-15　“家乡古厝”材料组合墙

活动反思

具有观赏性、操作性的幼儿活动环境，激发了幼儿进一步的探索。幼儿在轻松的环境中，积极与环境互动，交流自己的见解，同时能够根据自己的疑惑主动询问，获得自己所需要的知识。

金教鞭

创设组合式艺术欣赏展示架

活动实录

在环境布置的过程中，师幼不仅创设了便于幼儿触摸、观察的墙饰，还借鉴了幼儿与红料接触中创作的组合造型，将其加工成具有艺术欣赏价值的摆件，摆放于展示架上。

红红："老师，你在做什么啊？"

教师："我感觉你们摆的红料造型很漂亮，想把它们摆在展示架上啊！"

明明："老师，这个像烟囱的我摆过，你把它竖起来，可以当花瓶插花。"

小哲："老师，这个正方形的，我摆过三角形的，可是没东西黏合，会倒。"

教师："那我们可以想办法把它粘住。"

小哲看到旁边剩的边角料，提议："老师，不然用这个把它绑住吧？"

教师根据小哲的提议进行尝试，虽然能将三块正方形红料围合起来，但稍微一碰还是会倒塌。小哲想了想，说："老师，你不是可以用那个像枪一样的东西把它粘住吗？粘一下。"

于是，教师根据小哲的建议用热熔胶将其固定。当架好的三角围合上架时，小哲与旁边观望的幼儿发出了欢呼声。

红红："老师，我感觉这个三角形中间比较空，摆点东西上去吧！"

小哲："老师，把这个半圆形摆上去就很漂亮了。"

最终在幼儿的建议下，一件件有着孩子奇思妙想的具有艺术欣赏价值的摆件摆上了展示架。

活动反思

将一件件饱含着幼儿艺术创想的摆件摆上展示架，是对幼儿创作活动的最大肯定与鼓励，激发了幼儿的创作热情。有的幼儿为了让自己创作的作品也能上展示架，毛遂自荐，或是倾听别人的建议主动改进……这个展示幼儿作品的组合式艺术欣赏展示架，不仅能增添环境的艺术氛围、激发幼儿的创作热情，还能弥补教师的关注不足。

图 6-16

图 6-17

图 6-18

图 6-19

图 6-20

（二）中期：活动推进与深化

☆丰富认知

谈话活动：红料是怎么破的

活动实录

幼儿在与红料的亲密接触中，叶卓昊不小心把一块瓦片踩破了……

陈梓昊：“老师，老师，叶卓昊把红料踩破了。”

教师赶紧走到“案发现场”，问手足无措的卓昊：“你是怎么把它弄破的呀？”

叶卓昊：“我后退时，不小心踩到瓦片，它就破了。”

洪明峰：“对，他刚才和我一起搬那块最重的红料，后退时不小心踩到了。”

教师对叶卓昊说：“你以后要小心点，这红料比较脆，容易破。”

林希：“老师，这瓦片怎么那么容易破啊？踩一下就破了。”

诗晴：“是啊！像玻璃一样，这么容易破，搭古厝牢固不牢固啊？”

图 6-21　被踩破的红料

林希："老师，这红料是用什么做的呀？"

结合突发事件，通过谈话，幼儿发现红料比较脆、容易破裂，因此对红料的制作材料和方法产生了探究兴趣。

科学活动：红料的由来

活动目标

- 了解红料的制作材料和方法。
- 知道红料制作工艺繁杂，懂得爱惜劳动成果。

活动准备

- 红料制作视频、制作主要工序图片。

活动过程

1. 出示叶卓昊不小心踩破的瓦片，引入活动。

2. 讨论：为什么瓦片容易破呢？

问题一提出，幼儿就七嘴八舌地发表着自己的见解。有的幼儿说那是玻璃做的，所以容易破；有的幼儿说那是土做的，一粒一粒的，容易破；有的幼儿说它太薄了，容易破；有的幼儿说它被烤干了，所以容易破……

3. 观看红料制作视频，了解制作红料使用的主要材料和制作工序。

在观看视频的过程中，幼儿了解到原来红料就是用一种泥土制作的，就像平时自己捏橡皮泥一样，捏成自己需要的形状拿到砖窑里去烧制而成的。制作一批红料要近100天的时间，仅仅在砖窑里烧就要花45天。幼儿听到这些数字，才知道制作一批红料的不易。

视频中有个小故事引起了幼儿的兴趣。故事中说瓦片越黑的人家，家里越有钱。因为他们经常做饭，烟囱会冒很多烟，烟灰落到屋顶，瓦片就变黑了。瓦片红的人家没钱，平时没钱买东西做饭，没有烟灰落到屋顶，所以鲜红干净。

小故事引出了幼儿对"烟炙砖的黑色条纹是怎么来"的探讨，最后幼儿猜测是烟灰弄出来的。视频验证了幼儿的猜测是正确的，幼儿非常高兴。

4. 活动经验的梳理、整合与提升

小结："红料作为闽南古厝的主要建筑材料，是用泥土制作成砖坯，再装窑焙烧。烧制的时候用马尾松夹杂一些干柴杂草作为燃料。红料入窑时，采取斜向叠加的摆放方式，堆码烧制时松枝灰烬落在砖坯相叠的空隙处。出窑后，表面会自然形成几条红黑相间的纹理，因而称之为胭炙砖，又称烟脂砖。红砖制作主要的工序有：①寻找适合做砖的黏土；②加水活成泥；③用砖模做成砖胚；④把砖胚晾干；⑤装窑烧制；⑥出窑阴干。叔叔阿姨制作一块红砖是很辛苦的，也很不容易，我们在用这些红料时要小心，要爱惜叔叔阿姨的劳动成果。”

活动反思

活动虽然只是围绕一个视频而展开，但幼儿看得非常专注与认真，可见幼儿对红料的探究兴趣是极其浓厚的。通过这次学习，幼儿初步了解了红料制作的主要材料和工序。在学习过程中，幼儿善于将自己刚获得的经验进行迁移，验证了自己想要探知的知识——“烟炙砖的黑色条纹是怎么来的”，在学习中获得了满满的成就感。

☆探寻与自制替代性材料

谈话活动：用什么来替代

活动实录

教师：“小朋友们，你们用买来的砖瓦搭了什么？”

小杰：“我搭了房子，可惜搭不高，砖块站不稳，很快就倒下来了。”

铭铭：“是啊，最后我担心摔坏，就直接拿来铺地了。”

希希：“老师，这些砖那么容易破，我们建不了，我们干脆直接拿上次折的红砖来建算了。”

小峰：“上次那些砖，也不够我们建房子啊，而且那些也不是烟炙砖，没有黑色条纹。”

希希：“对啊！老师，我们上次散步看到那些房子用有条纹的烟炙砖贴的墙，很漂亮啊，我们弄些烟炙砖来砌墙吧。”

教师：“这个主意不错，可是用真的烟炙砖来建，要有建筑工作证的，没有证件不能随便建房子的。你们想砌墙，我们可以找找有什么东西代替烟炙砖，我们可以模仿建筑工玩砌墙游戏。”

小仪：“我家有糖果盒是红色的。”

教师：“有多少？”

小仪："三个。"

小峰："老师，我们看到的墙，上面的砖大小都一样，而且要很多，才够砌墙。"

教师："是啊！所以我们要找很多替代烟炙砖的盒子。盒子要有很多，需要大家都帮忙收集。"

希希："老师，我喝的牛奶的盒子是红色的、四四方方的，超市到处都有，就可以拿来当烟炙砖。"

教师："这主意不错，可是上面没黑色条纹啊！"

小琪："我们自己画啊！"

小仪："老师，有一种糖盒也是红的、四四方方的，也可以代替烟炙砖，这些盒子倒了也不怕碎掉。"

教师："对啊，你们想法真不错！"

活动反思

在教师的引导下，幼儿进行了讨论，幼儿的想法和点子真不错！他们不仅能为达成自己的愿望出谋划策，还为教师解决了实际问题，为主题生成活动的开展指引出新的方向。

制作活动：一起动手制作烟炙砖

活动实录

幼儿的想法得到肯定后，他们积极地收集红色的盒子。在教师的帮助下，他们利用自由活动时间和餐后时间制作了许多烟炙砖。

图 6-22

图 6-23

散步活动：走街串巷

活动实录

吃完饭后，天气不错，教师带着幼儿走出幼儿园，到幼儿园旁边的小巷散步。

小博："老师，你看这墙，里面是红砖，外面这层是什么？"

小峰："那是一层灰，我家装修就是这样的。"

小伟："老师，你看这有红砖，但它是和石头拼在一起的。"

教师："那你们知道这种古厝墙面叫什么吗？"

欣欣："我知道，我知道，奶奶告诉我这叫'出砖入石'。"

希希："老师，我也看到红砖了，但它有黑色的条纹，应该是烟炙砖。"

小琪："老师，前面有一座古厝，墙是用红砖搭成的，门窗都是木头做的。"

小峰："老师，老师，砌墙要用泥把砖粘一起，墙才不会倒。"

欣欣："小峰说的泥是不是前面叔叔阿姨弄的那种啊？"

希希："我发现烟炙砖黑色条纹不一样啊！"

教师："是吗？有什么不一样？"

希希："这块烟炙砖黑色的条纹有两条，像一对羊角（图 6-24）。这块烟炙砖黑色的条纹只有一条，两边有两块三角形的（图 6-25）。"

图 6-24

图 6-25

活动反思

短短的散步时间，可以看出幼儿十分关注古厝的红砖。有的幼儿发现了"出砖入石"砌的墙，有的幼儿发现了烟炙砖砌的墙，有的幼儿发现红砖古厝，有的幼儿发现了正在搅拌水泥的工人，还有些细心的幼儿发现了烟炙砖上面的黑色条纹是不一样的，等等。幼儿对不同的古厝墙体开始产生了兴趣。此外，在与同伴交流中，幼儿还了解到除了可以利用有条纹的烟炙砖装饰墙面，没条纹的还可以拿来砌成墙体，再抹上水泥和灰做墙面。

☆模拟创作

建构游戏：一起来砌墙

活动目标

· 利用自己收集、制作的烟炙砖替代物建构古厝烟炙砖墙面。

· 学习运用对齐排列的方法，砌出波浪形图案的烟炙砖墙面。

· 体验参与活动的乐趣，增进对民俗文化的认识。

活动准备

· 幼儿收集、制作的烟炙砖替代物，用烟炙砖砌出波浪形图案的古厝墙面图片。

活动过程

1. 出示用烟炙砖砌出波浪形图案的古厝墙面图片，引入活动。

2. 引导幼儿讨论与交流古厝墙面图案，并提出建构要求。

（1）提问："这面墙用烟炙砖砌出了什么图案？像什么？怎样砌墙才能砌出这种图案呢？"

（2）提出建构要求：砌出波浪形图案；爱护材料不争抢；遇到问题想办法解决。

3. 幼儿自主建构，教师观察与指导。

重点指导幼儿细致观察烟炙砖黑色条纹的特点，根据朝向进行组合，砌出波浪形图案的烟炙砖墙面。

有了教师前期的引导，幼儿的建构有了明确的目的性，他们开始关注条纹朝向、条纹特点、条纹组合，初步能够相互合作砌出波浪形图案的墙面。

4. 幼儿作品展示分享与交流。

从幼儿展出的作品来看，多数幼儿已经能根据烟炙砖的条纹特点，组合成波浪形图案的古厝墙面。有些幼儿停留在随意砌满墙面或对烟炙砖条纹特征组合的随意摆弄中。

活动反思

在本活动中，教师根据幼儿在探索活动中的需求，有目的地设计相关的集体活动，组织幼儿共同探索，取得了显著成效。本活动给了幼儿的操作探索一个有效的指引，即关注烟炙砖条纹朝向、思考如何组合。有了相应的指引，幼儿的操作就有了一定的目的性。虽然最终只有约 4/5 的幼儿达成预定目标，可其他未完成任务的幼儿也开始关注如何进行排列组合。

区域活动：自主建构

活动实录

第一阶段：幼儿尝试平行垒高，关注横向连接和竖向对齐垒高，但尚未能较好地关注烟炙砖的条纹朝向。

图 6-26

图 6-27

第二阶段：建构活动“一起来砌墙”开展后，幼儿开始关注烟炙砖的条纹朝向，能够进行横向连接和竖向垒高，用半块的砖块进行组合搭建。个别幼儿已经能有意识地砌出部分波浪形图案的墙面。

图 6-28

第三阶段：幼儿开始进行简单的条纹图案组合，图案多为波浪形，开始出现条纹同一朝向垒高与波浪形图案的组合。

图 6-29

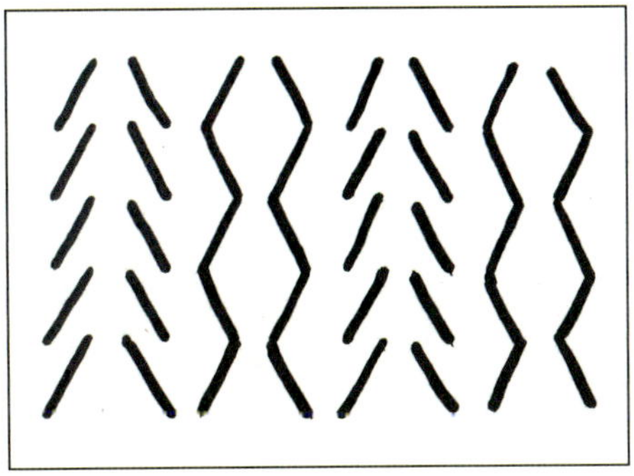

图 6-30

（三）后期：经验整合与提升

☆经验积累

环境创设

活动实录

为支持幼儿砌墙游戏的顺利开展，教师在活动室内外的墙面、窗户等适合创设的地方都制作了一些可砌砖的古厝墙面（长宽不同，高矮不同），满足幼儿建构古厝的愿望。同时，教师根据主题发展的预期推进和可能遇到的困难，分别投放相应的主材（两种条纹的烟炙砖、半块的烟炙砖）和辅助材料（隔板、牛奶盒等）。此外，教师在区域环境中还投放了有关烟炙砖组合造型、烟炙砖种类、烟炙砖砖雕等相关资料。

图 6-31　烟炙砖探索墙

图 6-32　烟炙砖组合

图 6-33　砖雕花纹展示墙　图 6-34　砌墙辅助物“隔板”　图 6-35　部分烟炙砖替代物

图 6-36　窗户　图 6-37　室内墙面　图 6-38　室外墙面

亲子考察

活动实录

主题课程开展了一阶段后，幼儿对烟炙砖的探究兴趣已经从结构、制作、生产等逐渐转移到用不同烟炙砖组合出不同图案，并开始开展砌墙游戏活动。但幼儿对烟炙砖可以如何组合砌墙、砌成什么图案的相关经验较为缺乏，因此，很有必要邀请家长协助教学，通过开展亲子活动，让幼儿进行实地考察，积累直接经验。亲子活动启动之前，教师事先设计了“‘闽南烟炙砖’调查表”。在家长会上，教师也借机向家长介绍主题课程的开展情况，并建议家长协助教师寻找幼儿感兴趣的相关资料。在亲子考察中，家长与幼儿通过参观与查阅资料，完成了调查表。

图 6-39　幼儿与烟炙砖红墙合影

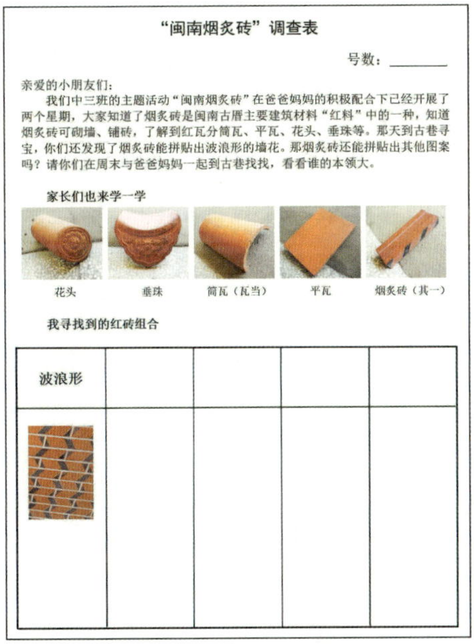

“闽南烟炙砖”调查表

号数：______

亲爱的小朋友们：

我们中三班的主题活动“闽南烟炙砖”在爸爸妈妈的积极配合下已经开展了两个星期，大家知道了烟炙砖是闽南古厝主要建筑材料“红料”中的一种，知道烟炙砖可砌墙、铺砖，了解到红瓦分筒瓦、平瓦、花头、垂珠等。那天到古巷寻宝，你们还发现了烟炙砖能拼贴出波浪形的墙花。那烟炙砖还能拼贴出其他图案吗？请你们在周末与爸爸妈妈一起到古巷找找，看看谁的本领大。

家长们也来学一学

花头　垂珠　筒瓦（瓦当）　平瓦　烟炙砖（其一）

我寻找到的红砖组合

波浪形				

图 6-40　调查表原表

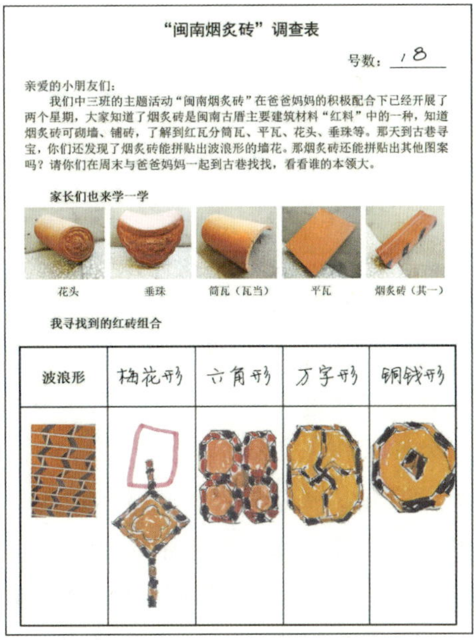

“闽南烟炙砖”调查表

号数：18

亲爱的小朋友们：

我们中三班的主题活动“闽南烟炙砖”在爸爸妈妈的积极配合下已经开展了两个星期，大家知道了烟炙砖是闽南古厝主要建筑材料“红料”中的一种，知道烟炙砖可砌墙、铺砖，了解到红瓦分筒瓦、平瓦、花头、垂珠等。那天到古巷寻宝，你们还发现了烟炙砖能拼贴出波浪形的墙花。那烟炙砖还能拼贴出其他图案吗？请你们在周末与爸爸妈妈一起到古巷找找，看看谁的本领大。

家长们也来学一学

花头　垂珠　筒瓦（瓦当）　平瓦　烟炙砖（其一）

我寻找到的红砖组合

波浪形	梅花形	六角形	万字形	铜钱形

图 6-41　亲子完成的调查表

活动反思

活动受到家长的欢迎。家长们感叹自己落伍了，懂得的知识还没有孩子多，垂珠、花头、烟炙砖等，自己都不知道，孩子都已经比他们清楚了。调查表也激发了家长与孩子共同探寻古厝花样墙体的兴趣。在调查过程中，有的家长和孩子发现了“十”字形图案，有的家长和孩子发现花形图案、条索图案、“万”字形图案等。家长和孩子为闽南古厝独特的造型和创造力所折服。

☆经验分享

讲述活动：我的古厝红墙

活动目标

- 能运用简单的语言，比较完整地讲述自己找到的古厝红墙纹样。
- 能够在集体面前大胆表达自己的见解。
- 感受古厝红墙的纹样美，喜爱古建筑独特的美。

活动准备

- 将亲子完成的调查表张贴于活动室墙面。
- 用古厝红墙留影图片制作的课件。

活动过程

1. 引导幼儿自由浏览张贴于活动室的调查表，与同伴交流、讲述；鼓励幼儿讲述自己带来的调查表。

2. 集体交流分享，请个别幼儿结合自己的调查表讲述自己的调查情况。

幼儿乐于讲述自己找到的纹样，个别幼儿探寻到的纹样比较复杂，不好讲述，就直接把调查表中绘制的纹样展示给同伴观看。

幼儿寻到的纹样多种多样。为了让幼儿对多种纹样有整体认识，教师将各种纹样以简笔画的形式绘制在墙板上，并标上序号。这一做法引发了幼儿极大的兴趣，每当有新的照片出现，他们就先寻找是否有相应的纹样简笔画。如果没有，他们就请教师帮忙绘制。当墙板上的纹样简笔画越来越多，他们惊呼着古厝红墙纹样多样性的美。

3. 结合课件，引导幼儿讲述古厝红墙的纹样。

4. 引导幼儿说说自己和家人寻找家乡古厝红墙纹样的感受，激发幼儿对古厝独特美的喜爱之情。

活动反思

调查成果的展示、讲述、交流，受到了幼儿的热烈欢迎，他们积极地投入活动中。有趣的纹样简笔画，增强了幼儿对古厝红墙纹样多样性的感受与认知，也方便了幼儿的比对。但在教师现场手绘纹样这个环节耗时太多，导致原先设计的“引导幼儿讲述古厝红墙的纹样”这一环节，因时间仓促未充分展开，该环节拟另找时间独立开展。

欣赏活动：美丽的古厝红墙

活动目标

- 进一步感受古厝烟炙砖红墙的造型美、色彩美与纹样美。
- 尝试设计并搭建古厝烟炙砖红墙，感受闽南古厝的建筑美。

活动准备

- 幼儿对闽南古厝烟炙砖红墙色彩、纹样、造型有初步的感受与体验。
- 课件，烟炙砖替代物若干，双面胶、透明胶、隔板等辅助物若干。

活动过程

1. 唤起相关的经验。

（1）播放课件，欣赏假期亲子考察的图片，进一步感受寻找古厝红墙不同纹样的快乐。

提问：“大家跟爸爸妈妈一起去考察，找到了哪些不同的纹样？”

（2）出示幼儿前期搭建的闽南古厝烟炙砖红墙的图片，引导幼儿对作品进行分类。

2. 体验烟炙砖组合的纹样美。

（1）欣赏教师寻找的闽南古厝烟炙砖红墙图片，初步感受其纹样的独特美。

提问：“刚才你们看到的古厝红墙是什么图案？漂亮吗？像什么？”

（2）结合课件，引导幼儿了解烟炙砖组合成不同图案后重复连续排列的纹样美，感受能工巧匠的建筑智慧。

提问：“这些图案是怎么组合出来的，你们喜欢吗？为什么？为什么能工巧匠要使用这些图案呢？”

（3）再次欣赏闽南古厝烟炙砖红墙课件，进一步体验古厝红墙的纹样美、规律美。

3. 经验迁移与尝试创作。

(1) 激发幼儿的灵感，讨论创作方案。

引导语："今天我们的烟炙砖可以怎么组合？组合成什么图案，才能像这些能工巧匠一样，砌出有规律、有美感的古厝红墙呢？"

(2) 幼儿动手探索，组队创作。

4. 作品展示分享与欣赏交流。

活动反思

在本活动中，教师并不是将欣赏作为一个孤立的活动，而是充分发挥多媒体课件的作用，化难为易；将往期的活动图片和美丽的古厝红墙纹样相结合，根据教学需要将多种乐曲融入课件中。

☆经验提升

区域活动：创作古厝红墙

活动实录

在亲子活动、集体教学活动的支持下，幼儿在自主探索创作中收获颇多。墙面创作，之前已经开展了三个阶段。

第四阶段：在开展假期亲子调查和讲述活动"我的古厝红墙"之后，幼儿在区域中的探索开始出现不同纹样的组合。

图 6-42

图 6-43

第五阶段：随着主题课程的开展，幼儿关于古厝红墙的墙面创作开始出现不同纹样朝向的组合。

图 6-44

图 6-45

第六阶段：幼儿开始根据纹样的不同朝向架构边框，尝试运用支撑架构斜线条，在更正错误时能相互帮助，出现隔板的使用。

图 6-46

图 6-47

第七阶段：在欣赏活动“美丽的古厝红墙”之后，幼儿的操作开始出现了重复连续排列的组合，有回形、波浪形、工字形等多种样式。

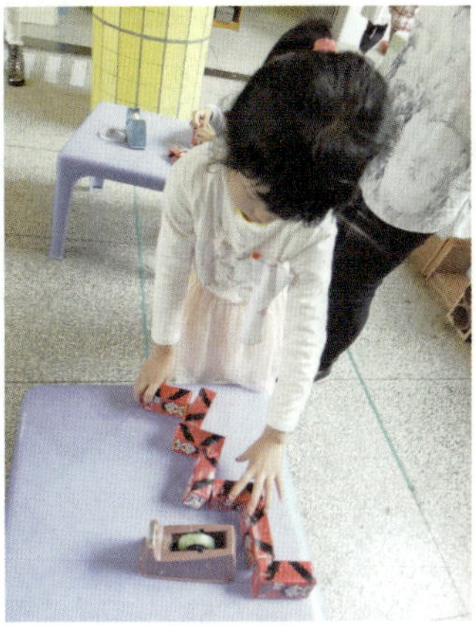

图 6-48

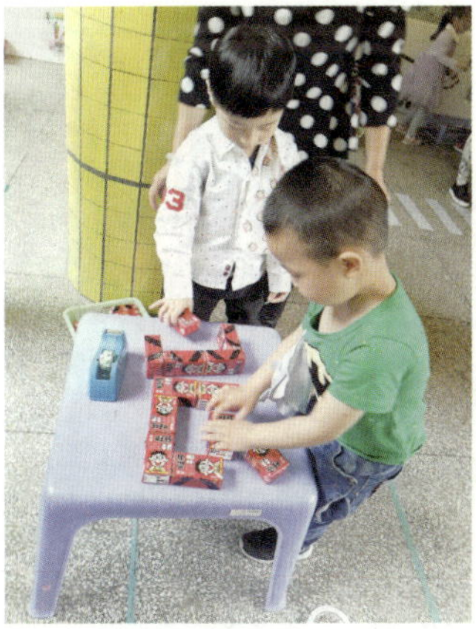

图 6-49

图 6-50

图 6-51

第八阶段：幼儿在墙面创作中自主搭配不同材料，出现了门窗等框架。

图 6-52

图 6-53

第九阶段：在幼儿的创作中，立体构架开始萌芽，出现凉台、骑楼的建构。

图 6-54

图 6-55

活动反思

教师根据幼儿的需求给予了时间与空间上的支持。幼儿在不断的探索中积累了丰富的经验，并结合各自的认知不断地创作、创新。此过程，不仅是幼儿在教师的支持下成长的过程，也是教师在幼儿的创作下学习的过程。这就是教育的奥妙与乐趣，即教学相长。

区域活动：美丽的砖雕

活动实录

1. 用粉笔画砖雕图案。

教师：“小明发现有的烟炙砖上面有一些雕刻的花纹很漂亮，他拍了下来，想和小朋友一起分享，我们一起来看看。”

小红：“哇！这些图案好漂亮啊，我看到有花的图案！”

明明：“我看到了大象的图案，跟我们上次去参观的李妙森故居外面瓷砖上的图案一样。”

小花：“我还看到了葫芦的图案。”

幼儿七嘴八舌地讲述着自己的发现。

教师：“这些图案是怎么弄上去的呢？”

小红：“是画上去的。”

小明：“不是画上去的，我摸过，它不是平的，坑坑洼洼的，有点像花头上的图案。”

明明：“花头的图案？那就是像花头一样，有模具，是烧制出来的。”

小红：“老师，我们也给我们的烟炙砖加点图案吧？”

教师：“怎么加啊？”

小明：“画啊！”

教师：“画就只能画一次，有点浪费！”

红红：“你不是有粉笔吗？借我们用用，画得好的留着，画不好的擦了再重新画，就不浪费了。”

2. 用叶子印画砖雕图案。

教师：“你们画的砖雕图案真漂亮！可模具印出来的砖雕不是大小都一样吗？”

小明：“老师，没办法画一样大小的啊！我们又不是复印机。”

教师：“没方法吗？我们一起想想。”

红红："老师，我们星期一不是在叶子上抹颜料印叶子吗？那个印出来的不就是一样大小吗？"

教师："这主意不错！"

3. 用泥工模具印画砖雕图案。

小红："老师，叶子印的图案不错，就是颜料多少不一样，有时叶子有的地方印不出来，不是很好看，所以我又找到了一个好工具，你来看看。瞧，就是我们做橡皮泥的模具，一个个印上去，这样图案大小一样，还很漂亮！"

教师："哇！你这方法真不错！"

小明、小花等观望的幼儿也纷纷表示赞赏并愿意尝试。

4. 用纸绳贴画砖雕图案。

希希："老师，我们这些砖雕也挂很久了，要不要换一些？"

教师："可以啊！想要换什么？大家一起想想。"

欣欣："老师，你还记得我们端午节用来编五彩绳的纸条吗？你不是说还剩很多，舍不得扔，先收起来，说不定以后用得上。我上星期去少年宫上手工课，那里的老师教我们用线粘贴花，我可以教小朋友，就用我们那些剩的纸条装饰烟炙砖，肯定很漂亮！"

希希、小明等："可以啊，可以啊！你教教我们，我们一起动手把烟炙砖弄得更漂亮！"

图 6-56　用粉笔画砖雕图案

图 6-57　运用叶子印画砖雕图案

图 6-58　运用泥工模具印画砖雕图案

活动反思

幼儿对烟炙砖黑色条纹的关注与模拟建构，引发了他们对烟炙砖其他纹样的关注。区域墙面美丽的砖雕图片，引发了幼儿创作烟炙砖砖雕的兴趣。

在创作过程中，幼儿为了能够重复利用而选用了粉笔，发现砖雕图案大小不一样想出了运用印画的方法，看到叶子的印画效果不好而借用泥工模具印画，这些都体现了幼儿的创造性思维和解决问题的能力。

自由活动：我来帮你折

活动实录

自由活动时，教师在架空层折叠买来的纸砖。

希希："老师，你在折砖吗？是不是要给我们玩的啊？需要我帮忙吗？"

教师："是啊！可以啊！"

希希："怎么弄啊？你教教我！"

教师示范讲解折砖的方法。希希蹲在旁边认真地看着，吃完点心的幼儿陆续围了过来。

小涵、小仪、小晨等："老师，我们也来帮忙。"

希希："小仪，我们两个合作。"

幼儿相约着三三两两合作折叠纸砖了。

小杰："老师，这个我塞不进去，你帮我一下。老师，我已经做第四个了。"

小诗："老师，这个你也帮我一下。"

小诗的合作伙伴铭铭，追在她身后，阻止着她，口中喊着："我们要自己想办法，要自己解决问题。"

铭铭找来剪刀，借助剪刀把塞不进去的纸皮用力塞进细小的纸皮缝里。

折好的纸砖越叠越高，看着眼前一堵渐渐超过自己身高的纸砖墙，有的幼儿蹲下来开始点数着纸砖的数量，有的幼儿跟墙比比身高，有的幼儿展开双臂与墙比宽度……

图 6-59　老师，我来帮你

图 6-60　比一比

活动反思

幼儿非常乐意帮助教师做事情。在操作的过程中，有的幼儿用点数来感知数量，有的幼儿借用身体来比较物体的高矮、宽窄等，自主学习，自主发展。

科学活动：看谁搭得高又稳

活动目标

- 学习用目测的方法比较两个或两个以上物体的高矮。
- 能够参与探索如何将砖搭得又高又稳。
- 感受比赛获胜需要积极思考、细心、耐心等良好学习品质。

活动准备

- 纸砖若干，烟炙砖码放的图片，幼儿折叠纸砖的照片。

活动过程

1. 出示上次大家一起折叠纸砖的照片，引导幼儿说说各自的感想。

2. 以竞赛的形式，引导幼儿分组搭砖，比比哪一组叠得高。

竞赛以分组轮流竞赛展开，在第一次码放纸砖时，多数幼儿采用两块纸砖当底，有三组幼儿采用三块、四块红砖当底。在码放的过程中大部分幼儿使用平行对齐垒高，但有一组幼儿采用了交错对齐垒高。这时刚好风比较大，有一面平行码放比较高的纸砖墙被风一吹就倒下来了，但那面交错对齐码放垒高的纸砖墙几经风吹还是屹立不倒。

针对此现象，教师与幼儿展开了讨论，引导幼儿观察两面叠放高度相同、码放方法不同的高墙。幼儿发现：平行码放的纸砖高墙，风稍微一吹，高墙就自动分裂成两条小柱，很快就倒下；交错对齐码放的纸砖高墙，风吹了好几次，纸砖高墙像有一只手将它们紧紧拥住一样，摇晃几下，还是稳稳屹立。在教师的引导下，幼儿发现了码放方法的不同。

最后幼儿得出结论：纸砖交错码放的高墙不会有一条长缝，每层纸砖就像一块胶布一样把它下一层砖黏合在一起，而比它高一层的砖再次交错，又将这层砖黏合在一起，这就是交错码放更稳固的原因。

有了此次讨论，接下来的分组竞赛中，多组幼儿采取了交错码放的方法。教师还惊喜地发现了有的幼儿采用两块平放、四块竖立的码放方法。

3. 引导幼儿通过目测估算等方法，比比哪组叠得高。

幼儿的目测能力较强，一下就看出哪一组的红砖码放最高，最后经过点数验证了他们的目测。

4. 讨论："为什么他们可以叠得那么高呢？红料工厂做那么多砖，他们是怎么码放的呢？"

因活动环节 2 中，幼儿用交错对齐垒高的方法码放纸砖，此环节已自然地融入活动环节 2 中。

5. 出示工厂码放烟炙砖图片，让幼儿验证自己的想法或借鉴工厂方法，比较什么方法更好，为什么这样码放会更稳更高。

有了亲身的体验，教师让幼儿感受工厂工人码放烟炙砖的方法，幼儿为自己能够想出跟工人一样的好方法而高兴。

6. 结合所获取的经验，再次验证交错码放垒高的牢固性。

此环节，多数幼儿采用了交错码放垒高的方法，但也出现了新的交错码放垒高方法。幼儿还根据红砖摆放方法的不同为它们取了名称，平放的叫躺着的，长边为底座直立的叫坐着的，短边为底座直立的叫站着的。有了名称，就方便他们自己向教师讲述自己的垒高方法。

7. 小结："动脑、细心、耐心是比赛获胜的诀窍，一切成果都需要付出努力。"

小结中，教师结合幼儿在活动中的体验进行评价。幼儿真切地感受到做事能否成功，积极思考、细心、耐心真的很重要。

图 6-61　平行叠放垒高

图 6-62　层层交错叠放垒高

图 6-63　对比不同垒高方法的牢固性

图 6-64　不同的交错叠放垒高

图 6-65　发现平行叠放垒高易倒的原因

图 6-66　不同交错叠放垒高

活动反思

整个活动中，幼儿在亲身体验中感受了用不同方法码放纸砖导致的牢固性不同，懂得交错码放更加牢固，并积极尝试体验。活动中教师的引导也存在不足，对于整齐叠放和底座宽度不同的叠放，较少引导幼儿关注、比较。

建构游戏：我们来搭座可以住的房子吧

活动实录

1. 新点子。

小晴："老师，我们砌了那么多漂亮的墙，还从没搭过一座可以让我们住进去的房子呢！这次你弄来那么多大砖块，肯定够我们搭座能让我们住进去的房子。"

希希、小明、小仪等："是啊！老师，让我们试试吧！"

看着幼儿期盼的眼神，还能不答应吗？于是，吃完点心，幼儿就迫不及待地搭了起来。

2. 有问题。

希希对正在砌墙的小明说："你这墙很快就会倒！"

小明："为什么？我都搭那么高了，不是很牢固吗？"

听到他们对话的小仪、小诗走过来，看了看小明搭的墙："对，希希说的没错，这房子不牢固。你看那么大的缝，没交错砌砖，大风没吹倒，地震来了肯定第一个倒。"

小明看了看自己砌的墙，想了想说："好吧！不然你们帮我一起搭，好吗？"

希希、小仪等："可以啊！我们找个地方大点的地方搭房子，这地方太小，不方便，还挡路。"

小明："好，你们赶紧把点心吃完，我和我们组先找个好地方，把砖搬过去等你们。"

3. 一起合作。

小诗对希希说："我们的房子没门，得搭个门。"

希希："好！"

小诗："搭大一点，到时我们才能进得去。"

希希、小诗、小仪等一起搭起了门。门架顶端要横隔两块砖啊，没东西撑着根本没办法固定，他们有点苦恼。

小明："如果有什么东西架住就好了！"

希希突然跑向材料库，取了块隔板回来。她将隔板架在两个竖着的门框上，接着放上两块砖块。于是，门框完成了，他们高兴地鼓起掌来，还要求教师给他们留个影。

4. 出谋划策。

房子搭到一半，砖用完了。

小涵：“怎么办？搭不成了！”

幼儿围着搭了一半的房子愁眉苦脸。

教师：“幼儿园应该还有这种砖，我帮你们去找找。”

小仪：“对对对！老师，我们早操时我看到大班哥哥姐姐玩户外游戏的地方有很多。”

小明：“小二班旁边也有。我邻居读小二班，我去找他时看到过。”

教师：“那我们得把所有材料搬到一个方便我们搭房子的地方。”

希希：“到我们早操的操场，那里够大。老师，我们一起帮忙搬。”

集合了全园的红色大纸砖，幼儿朝着自己的愿望奋斗。

5. 得偿所愿。

房子搭好了，幼儿借用一块大块的 KT 板做房梁。

小泽躺在房子里：“我在里面睡觉。”

铭铭对着窗里的人喊：“有没有圆筒冰淇淋？来一个。”

希希和一群小朋友站在门口对教师喊道：“老师，给我们拍张全家福。”

图 6-67　叠放错误

图 6-68　“工”字叠放围合砌墙

图 6-69　利用隔板搭门

图 6-70　住进房子里

图 6-71　合影

图 6-72　买冰淇淋

活动反思

幼儿提出了新的愿望，在实现愿望的过程中遇到了许多问题，能相互提醒、互相帮助、群策群力，为他们共同的愿望努力。

六、主题课程小结

“探寻闽南红烟炙砖”主题课程持续了近一个学期。本主题课程的成功实施离不开班级教师的通力合作，更离不开家长的大力支持与配合。在主题课程实施的过程中，幼儿留下了难忘的探索足迹，迸发出许多奇思妙想，相信这样的活动对幼儿来说，也是一次难忘的与同伴、教师共同协作的探究之旅。

“探寻闽南红烟炙砖”主题课程，为幼儿营造了浓厚的传统文化氛围，为幼儿创造了与实物、与人、与景、与文化充分接触的机会，使幼儿在古厝红墙创作中，既感受了丰富的传统艺术文化，也在他们幼小的心灵种下“爱家乡、爱闽南文化”的种子。在砌墙游戏中，幼儿综合地运用各种建构技能与同伴合作建构，增进了幼儿与他人交往和合作的能力；在建构的过程中运用了模式、组合等数学经验，感知与积累了诸如重心、平衡等科学经验知识，积极想办法解决所遇到的问题。幼儿在堆砌组合的创作中，感知了简单纹样通过不同组合能产生丰富多样的艺术创作效果，感受了连接规律美、明暗组合协调美、能工巧匠的智慧美。

总之，本主题课程所带给幼儿的经验是多元、丰富而深刻的。课程的实施形式与途径也较灵活、多样，彰显出主题课程的整合性。应该说，这是一个比较成功的主题课程。

关于“探寻闽南红烟炙砖”主题课程设计与实施案例的相关说明

“探寻闽南红烟炙砖”主题课程，在内容选取上具有三大特点：一是延续了幼儿园长期致力于优秀传统文化传承的课程研发思路。二是善于捕捉幼儿的兴趣，该课程基于一次外出活动中幼儿对古厝红砖的发现与关注，体现出主题课程内容有幼儿兴趣做支撑的坚实基础。三是选择红砖这一内容载体来探寻闽南古厝，进而帮助幼儿了解家乡古厝建筑文化，萌发幼儿爱家乡的情感，内容选取上具有“小切口，大信息量”的特点。作为古厝重要组成构件的红砖，蕴含着可让幼儿科学探究、文化探寻、艺术欣赏与表征、技能的展示与语言的表达等诸多机会，在价值考量上确有“四两拨千斤”之效。

该主题课程实施过程共分为前期的资源收集与探索、中期的活动推进与深化、后期的经验整合与提升等三个阶段，活动线索清晰，活动推进遵循幼儿的兴趣与认知特点，具有较强的逻辑性。具体活动开展的过程中，时常能发现教师关注与有效呼应幼儿的兴趣或“教学事件”等的教育智慧。从该主题课程推进的过程可知，关于闽南红烟炙砖的探寻活动已成为该班师幼在园共同生活不可或缺的一部分，主题课程渗透在集体教学活动、游戏活动、饭后散步活动、自由活动、环境创设、亲子调查活动之中，成为家长与幼儿、家长与教师、教师与幼儿、幼儿与幼儿间谈论与关注的话题。教师和家长在空间、时间及材料等方面，为幼儿主动学习与深度学习提供了极大的支持。

相信这样的主题课程所带给幼儿的体验应该是深刻与难忘的，或许若干年以后，幼儿忘记了各种烟炙砖的名称或制作工艺，但他们肯定记得曾与教师和同伴探究过、讨论过这样的话题。

瓶子总动员（大班）[1]

一、活动缘由与经验

（一）活动缘由

开学后，我班创设了“开心花园”，幼儿收集了各种各样的透明瓶罐用于水培植物。昱祺带来了两个细长的塑料瓶子，正好可以用来水培富贵竹。放进富贵竹后，幼儿发现这两个细长的塑料瓶子放在架子上很容易倒下。有的幼儿说应该换成玻璃瓶，玻璃瓶比较重，塑料瓶太轻了；有的幼儿说应该用花瓶，花瓶造型更好看……于是，关于瓶子的话题就此展开。根据幼儿的这一关注点，我们决定创设“瓶子总动员”博物区，旨在引领幼儿尝试从多种角度去体验瓶子被赋予的功能、探究瓶子的小秘密、进行全方位的瓶子创意活动，从而让幼儿对瓶子这一生活常见物品的特点、用途以及瓶子与人们生活的关系产生兴趣和探究的欲望，并获得以下几个方面的发展。

1. 在成人的帮助下参与瓶子的资料收集，愿意将自己所获得的信息与同伴交流分享，并能体验参与收集瓶子的乐趣。

2. 对常见瓶子的造型、用途感兴趣，发现瓶子的不同种类、外形、质地、作用及其与人们生活的关系；了解生活中处理废旧瓶子的简单方法，形成初步的环保意识。

3. 能利用多种材料进行与瓶子相关的艺术创作，感受不同材料所带来的不同审美趣味；了解陶艺作品，尝试进行简单的陶艺制作，并能体验创作活动的乐趣。

4. 掌握正确的敲击方法，感知声音的强弱、高低和音色的不同，体验演奏自制瓶子乐器的乐趣。

---

① 本案例由泉州市温陵实验幼儿园杨燕瑜、陈毅妹提供，吴振东指导，活动开展的时间为2017年5月。

（二）《指南》中相关学习与发展的目标

社会领域	（一）人际交往	目标 2　能与同伴友好相处	·活动时能与同伴分工合作，遇到困难能一起克服。
		目标 3　具有自尊、自信、自主的表现	·能主动发起活动或在活动中出主意、想办法。
	（二）社会适应	目标 2　遵守基本的行为规范	·理解规则的意义，能与同伴协商制定游戏和活动规则。
科学领域	（一）科学探究	目标 1　亲近自然，喜欢探究	·能经常动手动脑寻找问题的答案。
		目标 2　具有初步的探究能力	·能通过观察、比较与分析，发现并描述不同种类物体的特征或某个事物前后的变化。 ·探究中能与他人合作与交流。
		目标 3　在探究中认识周围事物和现象	·能发现常见物体的结构与功能之间的关系。 ·能探索并发现常见的物理现象产生的条件或影响因素，如影子、沉浮等。
	（二）数学认知	目标 2　感知和理解数、量及数量关系	·初步理解量的相对性。
艺术领域	（一）感受与欣赏	目标 1　喜欢自然界与生活中美的事物	·乐于收集美的物品或向别人介绍所发现的美的事物。
		目标 2　喜欢欣赏多种多样的艺术形式和作品	·愿意和别人分享、交流自己喜爱的艺术作品和美感体验。
	（二）表现与创造	目标 1　喜欢进行艺术活动并大胆表现	·积极参与艺术活动，有自己比较喜欢的活动形式。 ·能用多种工具、材料或不同的表现手法表达自己的感受和想象。

二、活动准备与规划

（一）环境布置

1. 在“瓶子商店”活动区的展示柜内分类展示瓶子图片、陶瓷瓶、玻璃瓶、塑料瓶等，并做标签。

图 6-73

2. 在“瓶子加工厂”活动区，展示“瓶子大变身”图片资料；收集瓶子、毛线、麻绳、纽扣、毛球、吸管、剪刀、颜料等材料，供幼儿装饰瓶子或用瓶子做手工。

3. 在“瓶子乐园”活动区，以图文并茂的方式呈现操作步骤，让幼儿玩“乌鸦喝水”“自动过滤纱布”“吊米瓶”等科学小实验；创设“瓶子小乐队”区域，提供瓶子乐器架、幼儿自制瓶子乐器。

4. 创设“瓶子知识墙”，向幼儿展示“中国陶瓷瓶的演变过程”“陶瓷瓶的制作过程”等内容。

图 6-74

图 6-75

图 6-76

图 6-77

5. 在“休闲饮料吧”活动区，以图文并茂的方式呈现使用工具调制饮料的步骤和方法，创设温馨的环境。

（二）活动规划

活动区域及内容		材　　料	活动方式	关　注　点
瓶子商店		多种造型的陶瓷酒瓶、花瓶，各种塑料和玻璃材质的饮料瓶、药瓶、洗漱用品瓶、化妆品瓶、香水瓶、调味品瓶、零食瓶、果酱瓶、许愿瓶等实物。	欣赏、观察比较、瓶子写生	幼儿对实物展品是否感兴趣？幼儿与展品进行互动时有什么对话？幼儿喜欢哪些展品？展品对幼儿的发展有何影响？如何挖掘有价值的课程资源？如何有效地推进活动？
瓶子加工厂		瓶子、颜料、毛线、麻绳、纽扣、吸管、毛球、压花、羽毛、双面胶等。	创意彩绘、装饰瓶子	所提供的材料幼儿是否感兴趣？材料是否利于幼儿创造性地表现？材料的存放方式是否便于幼儿取放？
瓶子乐园	好玩的瓶子游戏	保龄球、套瓶、瓶子拉力器等材料。	玩关于瓶子的体育游戏	幼儿是否喜欢？幼儿能否延伸出类似的游戏？
	科学小实验	“乌鸦喝水”“自动过滤纱布”“吊米瓶”“龙卷风”“量的守恒”等科学实验材料。	做科学小实验	幼儿能否自主根据步骤图开展科学小实验？实验能否成功？当实验不成功时幼儿能否保持兴趣？
	瓶子小乐队	多种透明瓶、自制瓶子乐器架、瓶子沙球、播放器、音乐等。	演奏瓶子乐器为歌曲伴奏	幼儿是否喜欢演奏瓶子乐器并爱惜乐器？幼儿能否正确演奏瓶子乐器？幼儿自创的演奏方法是否得当？幼儿能否与同伴协商合作为歌曲伴奏？
休闲饮料吧		摇摇杯、量杯、果汁粉、勺子、温水桶、玻璃瓶等。	自主调制饮料、装瓶并品尝	幼儿能否运用已有经验自主完成调制饮料并装瓶的过程？饮料装瓶过程中幼儿是否需要借助其他工具？

三、主题课程网络图

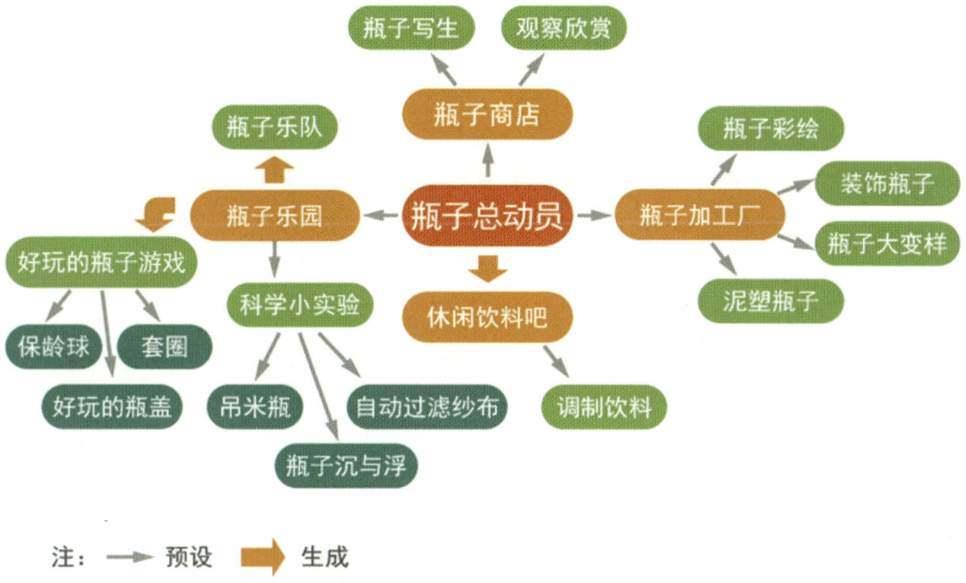

四、活动观察记录与支持

（一）瓶子商店

1. 围绕瓶子之间的对话

在幼儿、家长、教师的共同努力下，“瓶子商店”开张了。展区内展品丰富，有幼儿用过的瓶子，有家长用过的瓶子……教师先把这些瓶子根据陶瓷瓶、玻璃瓶、塑料瓶等不同材质分类展示，再根据瓶子的不同用途进行层级分类展示，呈现给幼儿的是一个种类繁多、展品丰富的“瓶子商店”。

一次区域活动中，幼儿进入“瓶子商店”，围绕瓶子进行了如下对话。

云龙：“这个瓶子看起来像一本书，真好玩！”

欣恬：“这个瓶子好小啊，只能装一点点东西吧？”

钰涵：“我喜欢这个埃菲尔铁塔造型的瓶子。”

茉菡：“这是香水瓶，你闻一下，还有香味。”

珺霖：“我发现有的瓶盖是塑料的，有的瓶盖是木头的。”

立恒："这种瓶子我见过，是装酸梅汤的，酸梅汤很好喝。"（做喝饮料动作）

云龙："这两个瓶子碰在一起能发出声音，脆脆的声音真好听。"

欣恬："这个瓶口可以吹出声音。"

珺霖："我知道这个叫青花瓷。"

立恒："这是我爷爷的酒瓶。我们喝酒吧，干杯！"（做和同伴碰杯喝酒的动作）

煜坤："这个瓶子的盖子下面有一根管子。"

明慧："这个叫滴管。我家里也有这种瓶子。"

煜缤："我知道怎么用，把这个小球捏一下再放开就可以把瓶子里的水吸出来。"

钰轩："我们在做实验，我们在研究制作'隐形药水'。"

君妮："对，'隐形药水'喝了会隐形，先加这个，再加那个……"

明慧："看，我们把玻璃瓶排在一起，可以敲出好听的声音，像弹琴一样。"

…………

立恒、钰涵和君妮一人拿着一个饮料瓶，玩起了喝饮料的游戏；珺霖在寻找最重的瓶子；云龙拿着两个小玻璃瓶轻轻地敲出声音；欣恬把嘴巴对准一个小花瓶口试着吹出声音；明慧、煜坤对着一排玻璃瓶在"弹奏"；钰轩和煜缤在研制他们的"隐形药水"……他们玩得不亦乐乎，煜坤说："哇，太好玩了！"明慧："是啊，我们玩得好开心啊！"

图 6-78

图 6-79

图 6-80

图 6-81

教师的思考

一、通过幼儿之间围绕瓶子的对话，以及基于《指南》中关于5～6岁“在探究中认识周围事物和现象”中“能发现常见物体的结构与功能之间的关系”的发展目标，教师决定追随幼儿关于“瓶子能当乐器”“瓶子能装饮料”“瓶子的造型和花纹”“瓶子可以用来做科学实验”等兴趣点，增设“瓶子乐园”“休闲饮料吧”等活动区。

二、从幼儿围绕瓶子所进行的对话可知，瓶子是幼儿在生活中常见的物品。幼儿不仅对各种各样的瓶子感兴趣，而且也能围绕瓶子展开比较深入的对话。从他们的对话中也可以获知，幼儿所表达的内容是他们所熟悉的、所感兴趣的，幼儿自然会有内容可讲，即言之有物，言之有情（讲得生动而具体）。其实，教师也可以围绕瓶子，组织全班幼儿开展一次有关瓶子的谈话活动。

（二）瓶子乐园

2. 自制瓶子乐器

有了自制瓶子乐器的意愿后，幼儿陆续带来了他们觉得可以用来制作乐器的瓶子，有大小不一的玻璃瓶、塑料矿泉水瓶和酸奶瓶等。

这天，区域活动开始了，几名幼儿摩拳擦掌，准备玩“瓶子乐器”的游戏。他们从“瓶子回收站”拿出各种瓶子。玻璃瓶、塑料瓶、陶瓷瓶被他们排成长长的一排。立恒说：“要用玻璃瓶声音才好听，不要塑料的瓶子。”说着，他把两个塑料瓶挑了出来。笑笑说：“我们找些一模一样的瓶子吧，这样看起来比较整齐好看。”说完，他们又把那些比较高的玻璃酒瓶和其他不同的瓶子挑出来，留下一排一样高的啤酒瓶。“乐器”做好之后，钰轩和立恒找来了两根木槌，他们面对面分别从两个方向开始敲击演奏“乐器”。

立恒：“敲的声音都一样，有点单调啊！”

君妮：“我妈妈说在瓶子里放点水声音就会不一样。”

笑笑：“我在电视上也见过有人在瓶子里装了水，然后演奏出好听的音乐。”

得到教师的默许之后，他们往所有的瓶子里都装入了水，然后开始新一轮的“演奏”。他们轮流玩，轮到明慧了，她拿起木槌快速地从第一个瓶子刮到最后一个瓶子，发出类似钢琴的爬音，神气极了。艺鑫也想试一试这种玩法，当他拿起木槌开始“演奏”时，由于太用力，有几个玻璃瓶子倒下了，瓶子里的水洒了出来。

教师：“有没有什么办法可以把瓶子固定住呢？”

立恒：“如果有个架子，我们可以把瓶子绑在上面，让它们垂下来。”

教师：“也许你们可以到体育器材室去找一找。”

在教师和保育员的协助下，立恒和钰轩从体育室搬来了一个废旧的竹架子，并将瓶子悬挂在架子上。就这样，一个属于孩子们的“瓶子乐器”诞生了。

图 6-82

图 6-83

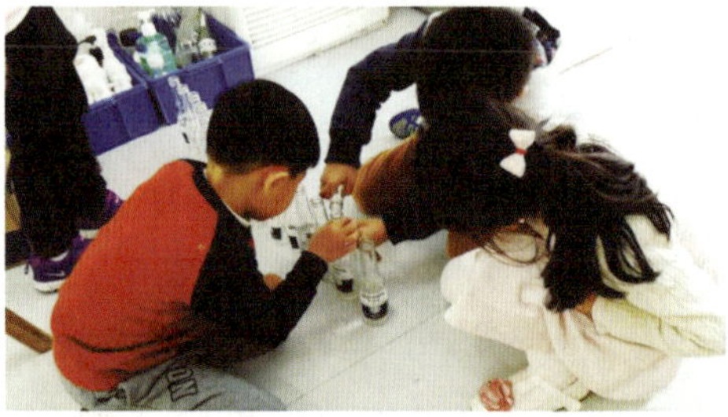

图 6-84

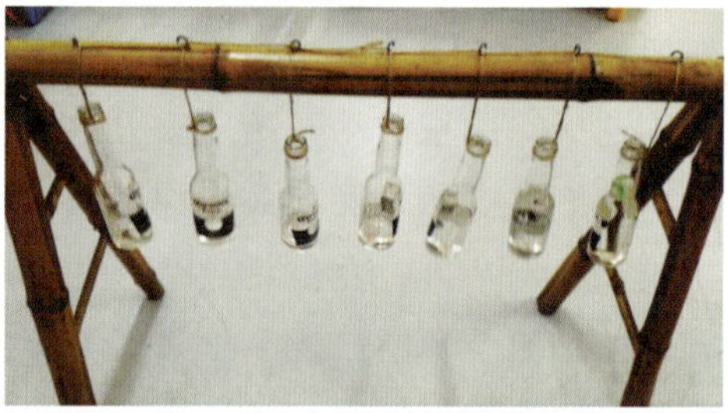

图 6-85

教师的思考

丰富的材料是这次创意和实践的物质保证。幼儿通过和多种瓶子的充分互动，从不同材质的瓶子中选择出最适合制作乐器的瓶子。显然，幼儿对于自制乐器这件事是非常感兴趣的。他们围绕这个话题展开了对话，并相互借鉴同伴间的不同经验进行不断尝试，集合大家的共同智慧，最终获得成功的体验。当然，活动中教师的适时介入也是有必要的。当幼儿开始演奏他们自认为已经做好的“乐器”时，瓶子倒下的问题产生了。教师提出问题：“有没有什么办法可以把瓶子固定住呢？”引导幼儿进一步思考解决问题的方法，将活动推向一个新的高度。随后，教师协助幼儿搬来竹架子并悬挂瓶子，助力幼儿推进游戏活动。由于大家对自制瓶子乐器产生了极大的兴趣，因此，我们决定把它投放在“瓶子乐园”中，让幼儿体验演奏自制瓶子乐器的乐趣、探索让不同瓶子发出不同音质的方法等。

3. 瓶子乐队（一）

幼儿收集了一箱啤酒瓶，又从体育室找来了两个废旧的竹架子，新奇好玩的“瓶子乐器”就这样诞生了。今天是第一次游戏，幼儿特别兴奋。梓萱看了看瓶子，问阿坤：“瓶子里为什么要装水呢？”阿坤摇摇头。梓萱就用手拨了一下，瓶子就发出了乒乒乓乓的声音。“这样很好听耶！”阿坤找来木鱼槌，敲敲、听听每个瓶子，若有所悟地说：“声音不一样，你听这个水装得多的瓶子声音很粗，这个水装得少的瓶子声音细细的、脆脆的，像钢琴的高音区。”梓萱也找来木鱼槌，像阿坤一样敲了起来。两人越敲越欢。艺鑫在一旁也不示弱，找来脸盆、铁罐、塑料碟子摆成架子鼓的样子，“乒乒乓乓”地自我陶醉。

图 6-86

突然，茉菡冲过来说：“你们太吵了，都是噪音。”阿坤望了望那边，宁涵和立恒正在玩木偶。他对梓萱说：“那我们来演戏吧！”两人先找来一块格子布罩试了试，又换了块黄色亮光布料，垂挂在另一个低矮的竹架上，漂亮的舞台布幕就搞定了。其他活动区的幼儿也被吸引过来，宁涵和立恒躲到了架子后面演起了小木偶。大家演奏瓶子乐器、架子鼓，表演木偶，其乐融融。

图 6-87

图 6-88

教师的思考

幼儿的自主游戏从无序到有序，充分体现了幼儿是有能力的主动学习者。他们敢于探究、尝试。当同伴抗议“都是噪音”时，作为观察者的教师内心是纠结的：“是否介入？如何介入？”最终教师还是选择静观其变，欣喜的是幼儿互相商量，通力合作，体验了协作表演的成就感和乐趣。

4. 瓶子乐队（二）

周末，幼儿和家长制作了各种各样的瓶子乐器，有装了豆子的瓶子沙球，有用啤酒瓶盖和纸板做成的响板，有用各种瓶盖组合成的架子鼓，有瓶盖和瓶子做成的拨浪鼓……今天的瓶子乐器顿时丰富多彩，幼儿摸摸这个，敲敲那个，选择自己喜欢的乐器，演奏了起来。茉菡提议说：“来点音乐怎么样？”“好啊！我去拿老师的音响。”哲幸立刻呼应。有了音乐，加上乐器伴奏，小小乐队更加像模像样了，幼儿演奏得更带劲了。

图 6-89

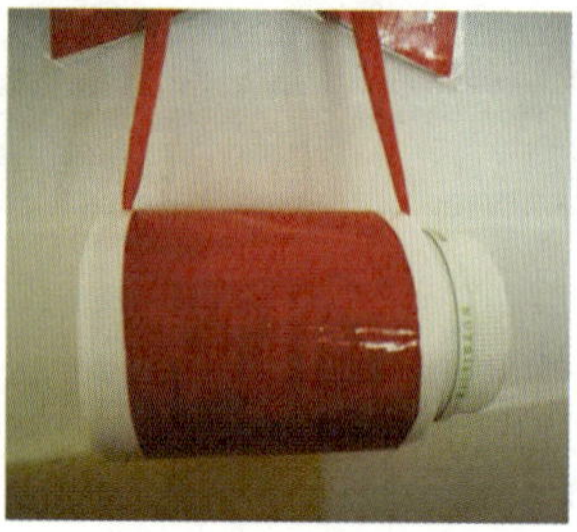

图 6-90

图 6-91

图 6-92

图 6-93

图 6-94

教师的思考

有了家长的支持，特别是家长参与了区域活动材料的制作，无疑提升了区域活动材料的质量，使得幼儿的区域活动开展得更加丰富多彩。幼儿在与材料的互动中萌发出了组建乐队的想法。他们找来教师的音响，播放自己喜欢的音乐。幼儿商量分工，选择乐器演奏，还有幼儿在舞台中翩翩起舞，好不热闹。

5. “保龄球”游戏（一）

这一天，体育游戏“创意瓶子玩法”开始了，每个幼儿从“瓶子回收站”选了一个塑料材质的瓶子，开始了自己的瓶子创意玩法，并进行了分享。

钰轩：“看，我可以把瓶子放在地板上转起来。”

宁涵：“我可以把瓶子顶在头上走，瓶子不会掉。”

嘉和：“我可以把瓶子抛上去再接住。”

奕霖：“我们把瓶子一个个摆在地板上，然后玩‘过障碍’游戏。”

煜坤：“我可以把瓶子当沙包扔，扔得很远。”

昱祺：“我们几个人把瓶子摆在一起，然后用球滚过去看谁击倒的瓶子多。”

晖烨：“我知道，这个游戏叫‘保龄球’，我跟我爸爸玩过。”

教师：“玩‘保龄球’游戏需要些什么材料？”

昱祺：“需要瓶子，还有球。”

威纶：“我们刚才用的皮球太大了，矿泉水瓶又太轻了，一下子就把瓶子都击倒了。”

嘉和：“矿泉水瓶里面可以装点水，这样就不会太轻了。”

立恒：“不然我们用那种塑料的球吧，我家里有几个玩具保龄球，我可以带过来。”

晖烨：“我家里也有两个，我也带过来。”

教师：“那玩的时候，需要几个瓶子呢？还有，瓶子是随便摆的吗？”

昱祺：“需要十个瓶子，瓶子要摆成三角形。”（现场摆给大家看）

教师：“看来，下次我们的‘瓶子乐园’又有一个新的游戏了。”

…………

就这样，幼儿一起从所有的塑料瓶子中找出了十个大小、形状基本相同的矿泉水瓶，往瓶子里加了少量的水。晖烨和立恒从家里带来了四个塑料圆球。属于幼儿的“保龄球”游戏诞生了。

图 6-95

图 6-96

图 6-97

教师的思考

首先，教师在设置游戏内容时，要多观察、倾听幼儿，只有这样才能发现幼儿的兴趣点和游戏水平。在这一活动中，教师不仅发现了幼儿玩瓶子的无限创意，还欣喜地看到了幼儿自己生成的游戏。其次，同伴之间的经验借鉴也是该游戏能顺利生成的不可或缺的因素。除此之外，材料的收集可以就地取材，取之于幼儿，用之于幼儿。由于大家对“保龄球”游戏产生了极大的兴趣，材料也易搜集，因此，教师决定把材料投放在“瓶子乐园”中，让幼儿体验玩自制“保龄球”游戏的乐趣。

6. “保龄球”游戏（二）

区域活动时，晖烨、明慧、钰涵、日泓几名幼儿带上“保龄球”游戏材料来到走廊。一开始，他们把矿泉水瓶摆在走廊靠楼梯的一侧，一人拿着一个圆球，开始了他们的游戏。

第一轮下来，幼儿的球经常从楼梯上滚下去。晖烨说：“我们换到那边去吧，球才不会滚下去。”于是，他们又把矿泉水瓶摆到走廊的另一侧。

新一轮游戏开始了，轮到日泓了。只见日泓摆好姿势，瞄准瓶身，“哗啦”一声，十个瓶子倒了八个。他欢呼起来，忘了要去把瓶子再摆好。晖烨开始催促他：“快点摆好啊，轮到我了。”被日泓击倒的瓶子四散开来，有两三个滚到很远的地方，连球也滚到一边去了。日泓手忙脚乱地把球捡回来，等他再度把瓶子摆好已气喘吁吁。几轮下来，其他人的情况也跟日泓差不多，他们每次都要跑来跑去捡球、捡瓶子、摆瓶子。

教师提醒：“能不能找个有三面围起来的地方？这样瓶子和球就不会跑到很远的地方。”明慧马上想到了走廊公共区域的篱笆，说：“我知道了。”她边从旁边拿来两个篱笆，边说：“我们用这两个篱笆围住，球就不会滚走了。”大家同意了她的建议，一起用篱笆将摆好的瓶子的三面围住，游戏继续。果然，围了篱笆后，捡球、摆瓶子就方便多了。不过，新的问题又产生了，晖烨跟钰涵争吵起来。

晖烨：“你怎么跑我前面去了，刚才你是在我后面的。”

钰涵：“本来就轮到我啊！”

这时候，日泓提出：“不然我们编个号吧，这样就不会轮错了。”

得到教师的许可后，日泓从班上找来了自贴纸和勾线笔，他们开始给自己编号，并把写有号码的自贴纸贴到自己的后背。游戏继续。

图 6-98

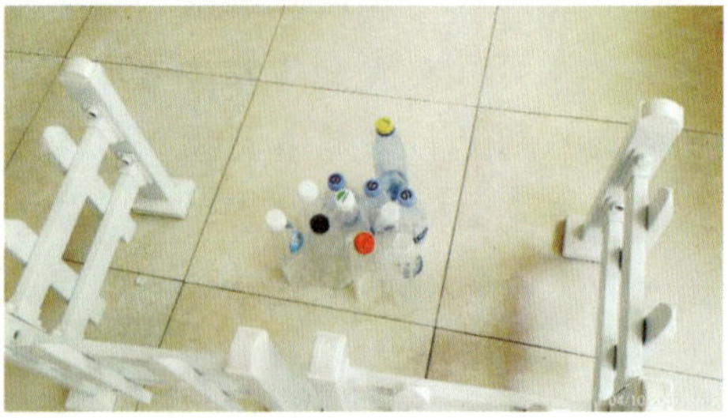

图 6-99

图 6-100

图 6-101

教师的思考

这完全是一个幼儿自主游戏、自主解决问题的过程。一开始，幼儿把矿泉水瓶摆在靠近楼梯一侧，当面对幼儿嬉嬉闹闹、好几次上下楼梯捡球时，说实话，教师差点儿忍不住介入，但最终忍住了。有了教师的放手，这也才有了后面幼儿大胆的想法、创意和实践。

7. “套圈”游戏

区域活动开始了，钰涵和其桓相约来到活动室外的走廊，先把瓶子一字排开，又把套圈摊在地上开始数数。其桓说：“一、二、三……我有十个了，你有几个呢？”钰涵答：“我也是十个了。”“还有两个怎么办？”“一人再分一个，才公平。”分好套圈后，两人为谁先开始争执不下：“我们‘石头、剪刀、布’吧。”“从这条线开始，谁都不能超线。”两人开始玩了起来，你一次我一次……

玩了一会儿，两人开始觉得没意思。教师说：“想想看，还有其他玩法吗?”其桓看看同伴，又看看瓶子，对钰涵说：“我们数数有一共几个瓶子，把它们平分了。”教师问：“怎么玩呢?”其桓说：“玩抢夺阵地，我的瓶子是阵地，她也有块阵地，我们用套圈去套对方阵地的瓶子，谁套到就归谁，谁最先没有瓶子谁就输了。”教师赞许地点点头：“这个游戏一定很好玩，开始吧!”果真，游戏更加有趣好玩了。

图 6-102

图 6-103

教师的思考

在两个幼儿的对话和互动中，教师看到了他们在活动中能主动出主意、协商制订游戏规则，从平均分圈到确定开始的顺序，到最后确定起点线，整个过程顺畅、和谐。当幼儿厌倦单调的玩法后，教师介入，点拨幼儿思考，鼓励幼儿继续探究。最终他们在和材料的互动中又玩出新花样来，而且比传统的玩法更加具有挑战性和刺激性。

8. 科学小实验“自动过滤纱布”

区域活动开始了，君妮和欣淇一起来到科学小实验区。两人先从橱柜里取出“吊米瓶”看了看，说：“这个不好玩，还是试试这个吧!”欣淇问：“这两个瓶子做什么用呢?”君妮说：“我也不懂得，要不你找找有没有说明图。”橱柜上有三幅小实验说明图，欣淇比了一下，说：“应该是这个吧!”只见君妮拿起说明图研究了起来，“我知道了，欣淇，你先去装水，再把土放到瓶子里。”欣淇取完水后，很认真地从罐子里抓了些土装进其中一个瓶子里并摇了摇，又取了些土装进另一个瓶子里摇了摇，转过头来问君妮：“然后呢?”“错了，错了，不是这样的，你看，图上说只要一瓶有土就可以了。”君妮指着小实验说明图说。

图 6-104

图 6-105

随后，她们根据图示清空了一个瓶子，并将一条纱布的两头分别伸进两个瓶子里。“这下好了。”两个小姑娘相视一笑，静静地看着瓶子，大约过了 10 分钟，瓶子一点反应也没有。君妮摸了摸纱布，开心地说：“湿了，湿了。”

欣淇想了想，又取出纱布：“这条纱布很细，我把它缠得粗一点，会不会更快一些呢？”

图 6-106

图 6-107

直到区域活动结束，过滤到瓶子里的清水还是只有一点点，两名幼儿向教师请求：“老师，可以不收玩具，让我们再观察一下吗？”

图 6-108

教师的思考

观察是进行一切科学活动的基础。从活动过程可以看出，欣淇操作经验较少，在活动中她只能依赖观察操作能力很强的君妮。君妮懂得先解读操作示意图，为同伴纠错，使实验得以继续。这个实验考察的是幼儿的自主学习能力、合作学习能力和活动的坚持性等。欣淇在同伴的带领下，也慢慢地从被动变得主动，积极参与改进方案。可见，同伴间的学习是可贵的。过滤净水需要很长的时间，幼儿并不气馁，整个过程从探索到等待到成功要 40 分钟，这种坚持的品质更加值得点赞。同时“这个（指“吊米瓶”实验）不好玩”也说明材料对幼儿已经失去吸引力，提醒教师需要调整材料，以提高挑战的难度。

9. 科学小实验“吊米瓶”

这天，区域活动开始了，立恒和晖烨来到科学小实验区。他们取出“吊米瓶”的游戏材料，对照实验步骤图，开始了小实验。立恒拿出了一个装满米的瓶子，将一根筷子慢慢插入米中，然后用手指轻轻地把筷子周围的米稍微压实，最后用手轻轻地把筷子提起来，瓶子没有掉下。他欢呼了一声：“耶！我成功了！”紧接着，听到另一声欢呼声，另一边的晖烨也成功了。立恒：“是我先成功的。”晖烨：“我也成功了嘛！”之后，他们又拿出托盘里的最后一个瓶子，用了同样的步骤方法。这一次，实验又成功了。立恒：“小实验都成功了，我们去玩别的吧。”说完，他和晖烨离开了科学小实验区。

这时候，又有两名幼儿——其桓和茉菡来到科学小实验区。其桓也拿出“吊米瓶”游戏材料，他刚把其中一个米瓶的盖子打开，一不小心，瓶子里的米撒了一些在托盘里。教师说：“没关系，托盘里的米先请吴老师收起来。”

托盘里的米被保育员收走后，其桓拿着那个米没装满的瓶子开始了小实验。他把一根筷子插入米中，用手在筷子旁边压了几下，轻轻提起筷子，筷子很快滑了出来，他没有成功。他把筷子反过来，换了比较粗的那头插入米中，这次他用了更大的力气按压筷子周围的米，然后轻轻把筷子提起，筷子依然滑了出来，实验还是没有成功。一旁的茉菡说：“谁叫你把米撒出来，你的米不够了。”受到茉菡的启发，其桓从托盘里拿出另一个米瓶，打开盖子，将里面的米倒了一些到自己的米瓶里。他用同样的方法再次实验，实验依旧没有成功。他再次往自己的米瓶里倒米，把自己的米瓶装得满满的。插入筷子时，他发现筷子很难插进去，他意识到可能是米装多了。于是，他又把米倒了一些出来，再次插入筷子，有点松，他把筷子拔了出来，反过来把比较粗的那头插入。就这样，增增减减几次，最后，他终于成功了。

图 6-109

图 6-110

图 6-111

图 6-112

教师的思考

游戏材料对该年龄段的幼儿是否具有挑战性，是教师在设置游戏内容和准备操作材料时需要思考的问题。一开始，在准备“吊米瓶”游戏的材料时，教师事先操作过，以保证幼儿只需要根据实验步骤图进行实验就能够获得成功。也正因为如此，导致幼儿对这个小实验无法保持较持久的探究兴趣，因为它对大班幼儿而言，缺乏足够的挑战性。记录中，其桓不小心把米瓶打倒，使活动有了转机，也使得这个已经让幼儿失去兴趣、比较没有挑战性的游戏变得具有挑战性。活动中，幼儿通过数次增减瓶子里的米量，以及感受筷子两端粗细不同所带来的实验结果的不同，最终获得成功。这个成功来得并不那么顺利、容易，对幼儿来说，这种来之不易的成功体验却会显得尤为深刻。

10. 科学小实验“瓶子沉与浮”

活动前，教师出示了实验记录表，请幼儿观察表格。钰轩说：“问号就是想一想瓶子放进水里是沉还是浮，箭头向上是浮起来，箭头向下是沉下去。”哲幸说：“小手是要动手做，看瓶子在水里是沉下去还是浮上来，记下来。”接着区域活动开始了，其桓取了两个瓶子，一个是玻璃的酒瓶，一个是塑料的饮料瓶，他认真地记录着。

图 6-113

图 6-114

饮料瓶放进水里浮了上来，和猜想的一样，他兴奋地说：“耶！猜对了，猜对了！”他紧接着又做玻璃瓶的实验，当他把玻璃瓶（有瓶盖）放进水里时，它浮了起来。其桓张大了嘴巴说：“啊，怎么可能，它怎么会浮起来，玻璃不是很重吗?”幼儿对这一现象非常惊讶，竟然和他猜想的不一样。这时，哲幸又取来另一个陶瓷酒瓶，教师顺势说：“你也试试，看看有什么发现。”哲幸把瓶子放入水中时又出现了一个新的情况，瓶子的一头沉入水里，另一头翘出了水面。咦，这又是怎么回事呢?哲幸拿起陶瓷酒瓶掂了掂，说：“好像瓶子一头重一头轻。”

图 6-115

图 6-116

这时，教师提出问题：“如何让浮上来的瓶子沉下去?”这时，幼儿更加积极，更加专注了。装了水的陶瓷酒瓶立马沉了下去。但其桓还是碰到了难题，塑料饮料瓶装了水以后依旧浮了上来。只见他先用手使劲地压，不行，他又用装了水的陶瓷酒瓶来压塑料饮料瓶，但不一会儿就滑开了。反复几次无果，哲幸在一旁说：“要增加它的重量，再装点重的东西，你试试。”其桓看见茉菡在玩磁铁游戏，借来几块磁铁装了进去。哇！真的沉下去了！其桓终于露出笑容。教师继续说：“那你能把刚才做的记录下来吗?”其桓看了很久，无从下笔，而哲幸很快就记录好了。

图 6-117

教师的思考

在大班幼儿所熟悉的“沉与浮”的实验活动中，增加了猜想与记录要求，既体现了教师对该年龄段幼儿的学习要求，也便于师幼交流实验结果。幼儿能用自己的语言对观察到的现象进行描述和解释；同时教师也能帮助幼儿梳理他们的猜测和验证的过程，从而发现记录上的问题，并进行重新思考。操作过程中，教师以回顾性的提问为主，如“你有什么发现”“你是怎么做的”等，引导幼儿重新审视自己的操作结果，帮助幼儿梳理和提升经验。

11. 好玩的瓶盖

幼儿收集了许多矿泉水瓶盖。区域活动前，教师提出要求：“请小朋友和瓶子做朋友，看看谁能玩出不一样的玩法来。”威纶、立恒、晖烨和日泓相约来到榻榻米上。

图 6-118

晖烨说：“我们一人一个瓶盖，玩弹瓶盖，每人一次机会，碰到对方的瓶盖就算赢，好不好?”日泓点头答应。游戏开始了，先用“石头、剪刀、布”开局，你追我赶，不分胜负。突然立恒的瓶盖弹出了地垫，威纶说：“出界了，你输了。”立恒说：“不行，刚才又没说。”威纶说：“那好吧，重新开始，谁出界了，谁就输了。”游戏继续进行。

威纶取了块地垫来：“我们换种玩法吧！我们把所有瓶盖摆在中间，看谁弹到的瓶盖多。”“好啊!”只见幼儿很快地将瓶盖在垫子中间一字排开，分为两块阵地。“我先来。”立恒拿了一个瓶盖，放在垫子上，就要弹。威纶说：“不行，太近了，退后，我们要退到这条线上才公平。”你一次我一次，比赛结束。威纶说：“我有六个，你呢?”立恒说：“我七个。”威纶说：“你比我多一个，你赢了。”立恒欢呼：“耶!”

图 6-119

图 6-120

图 6-121

花样跳瓶盖。哲幸把瓶盖时而一字排开，左右蹦跳，时而把所有的瓶盖垒高，对一旁的立恒说：“这样，我可以跳得很高，还不会碰倒盖子。”

图 6-122

图 6-123

教师的思考

投放低结构的材料更易激发幼儿的想象力和创造性。从幼儿所创造的游戏玩法中，可见大班幼儿已经初步懂得游戏要有规则才可以进行，如用“石头、剪刀、布”确定先后顺序。但是幼儿的游戏规则并不是一下子就制订完成的，而是在游戏过程中逐步完善起来的。区域结束后，教师回放幼儿的游戏照片，让幼儿一起分享：“你刚才是怎么玩的?”照片上的幼儿显得特别兴奋，向同伴介绍自己的玩法。立恒在表达不清楚时还用粉笔画图讲解。教师又提问："你们还有更好的玩法吗?"幼儿思维瞬间被调动起来，又创造出了许多种玩法。所以，教师适时的提问可以引发幼儿积极思考，让幼儿在与同伴的思维碰撞和分享中创造无限可能。

（三）休闲饮料吧

12. 我的饮料我做主（一）

经过一阶段的筹备，"休闲饮料吧"如期开放。"休闲饮料吧"内各种材料准备充分，有小号的饮料摇摇杯、玻璃瓶、量杯、量勺、一次性吸管、托盘、开水桶等，以及分装在塑料罐子里的饮料粉（如柠檬、橘子、水蜜桃、菠萝等口味的果汁粉和可可粉等）。在"休闲饮料吧"的隔断屏风上贴着图文并茂的"调制饮料步骤图"，桌子铺上了温馨的格子餐布。

这一天，区域活动开始了，茉菡和威纶相约一起调制巧克力饮料。他们把可可粉和水加入摇摇杯后，盖上盖子，迫不及待地摇动起来。突然，茉菡发现饮料从摇摇杯中间漏了出来，赶紧停了下来。威纶说："你的盖子没盖好吧？"茉菡下意识地去拧摇摇杯上面的盖子。威纶提醒："中间的大盖子一定不能盖歪掉。"于是，茉菡重新检查了摇摇杯的两处盖子，再次摇动摇摇杯，依然漏水。威纶说："要两手配合，用力把大盖子压紧。"茉菡用上威纶的办法，两手握住摇摇杯，压紧盖子小心翼翼地摇动摇摇杯，终于不再漏水。

顺利把可可粉摇匀后，茉菡熟练地打开摇摇杯上面的小盖子，把饮料倒入玻璃瓶中，插入吸管。另一边，威纶也已经将调制好的饮料装入玻璃瓶中。正当他们准备品尝时，威纶发现："我的饮料颜色比较淡，你的颜色比较深。"茉菡回答道："因为我加的可可粉比较多。"他们开始品尝，威纶说："我的饮料太淡了，下次我也要多加点可可粉。"茉菡则说："我的太甜了。"说完，她用量杯接了半杯水倒入玻璃瓶中，继续品尝："这回差不多了，刚才实在太甜了。"他们开心地品尝着自己调制的巧克力饮料。

图 6-124

图 6-125

图 6-126

图 6-127

图 6-128

教师的思考

摇摇杯的使用对幼儿来说有一定挑战性，尤其是摇摇杯中间的大盖子没有办法旋紧，必须两手配合，在摇动的时候要用一定的力气压住、扣紧它，才不会漏水。这样的使用技巧，教师并没有事先教给幼儿，而是让幼儿通过自己的亲身操作以及同伴之间的相互学习来获得。事实证明，这是可行的。活动中，两名幼儿调制的是同一种口味的饮料。饮料调制好之后，他们发现饮料的颜色深浅不同。品尝饮料后，他们又发现饮料甜度的不同，从而调动了幼儿已有的经验——饮料粉的多少与饮料颜色、甜度的关系，并想到改进的措施。为了支持幼儿的探究活动，在接下来的活动中，我们决定提供给幼儿相应的记录表，让幼儿继续探索饮料粉的多少以及加入水量的多少和饮料甜度的关系。

13. **我的饮料我做主（二）**

经过讨论，教师和幼儿共同制作了一张记录表，让幼儿记录自己调制饮料的情况。记录表中设有加入几杯水、几勺饮料粉，以及用颜色、表情图表示饮料的味道和品尝饮料后的心情等栏目。以下记录的是威威小朋友在一次活动中四次调制饮料的过程。

第一次：威威准备好各种用具后，迫不及待地开始第一次调制饮料。他先舀了一勺饮料粉倒入摇摇杯里，然后用量杯连续装了两杯水倒入摇摇杯中，盖好盖子，两手将摇摇杯握住，左右摇动，装瓶，插入吸管，品尝，一气呵成。“不是很甜。”他边品尝边说。他在他的记录表上记录他的第一次调制饮料情况——一勺饮料粉、两杯水、味道（用浅绿色表示）、心情（平平）。

第二次：这一次，他舀了两勺饮料粉倒入摇摇杯，还是加入两杯水，重复摇动摇摇杯调制饮料的过程，装瓶、品尝。“哇，比刚才的甜多了，真好喝！”他说。他在他的记录表上记录他的第二次调制饮料情况——两勺饮料粉、两杯水、味道（用深绿色表示）、心情（开心）。

第三次：离区域活动结束还有些时间，威威继续他的第三次调制饮料。这一次，他只舀了一勺饮料粉倒入摇摇杯，但只加入一杯水，熟练地把饮料摇匀后，装瓶、品尝。“我就知道一定是比较甜的，因为我少加了一杯水。”他神气地跟同伴说。他在他的记录表上记录他的第三次调制饮料情况——一勺饮料粉、一杯水、味道（用深绿色表示）、心情（开心）。

第四次：教师说：“不如你帮我调制一杯吧，我喜欢甜一点的。”于是威威继续他的第四次调制饮料。只见他连续舀了五勺饮料粉倒入摇摇杯，然后加入两杯水，盖好盖子，摇动摇摇杯。摇了几下之后，他看到摇摇杯里还有些饮料粉没有融化。他又摇了几下，停下来看，还是有些饮料粉没有融化，他又继续摇了几下，还是有些饮料粉沉在摇摇杯底。他只好放弃，打开盖子，在教师

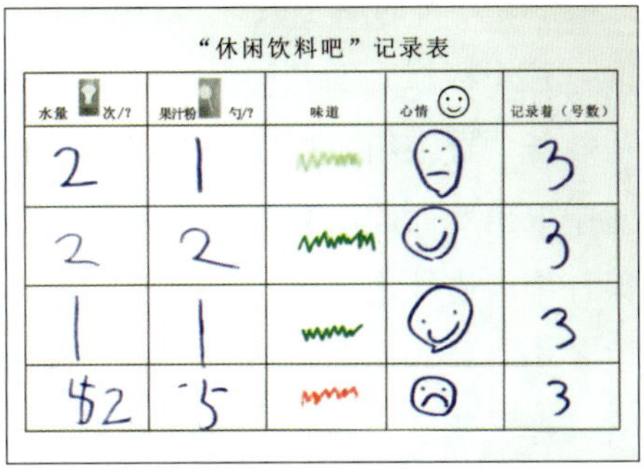
“休闲饮料吧”记录表

水量 次/?	果汁粉 勺/?	味道	心情	记录着（号数）
2	1			3
2	2			3
1	1			3
~~4~~2	5			3

图 6-129

给他的一次性杯子里倒了一杯，其余的装入他的瓶子里，插入吸管，品尝了一口。“太甜了，太甜了。”他说。这一次，他是这样记录的——五勺饮料粉、两杯水、味道（用红色表示）、心情（不开心）。

教师的思考

从威威小朋友这四次调制饮料的过程中，教师欣喜地看到了幼儿对于饮料的甜度与饮料粉和水量多少的关系的试验和感知过程。活动中，他在第一次调制饮料的基础上，通过增加饮料粉或者减少水量的方法调制出比第一次更甜的饮料，这说明他已经理解了饮料甜度与饮料粉的多少和水量的关系。第四次调制饮料过程是在教师的要求下进行的，因为教师想看看第四次他会怎么搭配水和饮料粉。或许是受教师的影响——“我喜欢甜一点的”，或许是他自己想进行试验，显然，最后这一次，他自己也意识到加入的饮料粉太多了，饮料太甜了，反而不好喝。第四次调制饮料过程中，因为饮料粉加多了，出现饮料粉没有办法完全溶解的现象。

此外，一次活动中幼儿可以调制2～3次饮料，如果让幼儿全部自己喝掉的话，会影响中午的午餐进食。建议可以增设品尝区，让调制饮料的幼儿自己品尝饮料的同时，将自己的饮料分一部分在品尝区，让其他活动区的幼儿到品尝区品尝饮料。

（四）瓶子加工厂

14. 好看的瓶子装饰

这个区域是明慧的最爱，这已经是她连续第三天在这儿了。今天，明慧先从瓶子“百宝箱”中挑了个玻璃酒瓶，左看看右看看，沉思了一会儿，从材料盒中取出双面胶沿着酒瓶口缠了一圈，撕开白纸，接着取了一段金黄色的毛线，很仔细地边缠边按压。她发现双面胶没有了，又取了一段双面胶顺着第一次的位置小心翼翼地继续粘了一圈。这回她挑了黄色和紫色的毛线，先比了比，最终选择了紫色，细心地缠绕起来。第三次她选择的是肉色毛线，整个瓶颈缠绕过程大约用了十分钟。

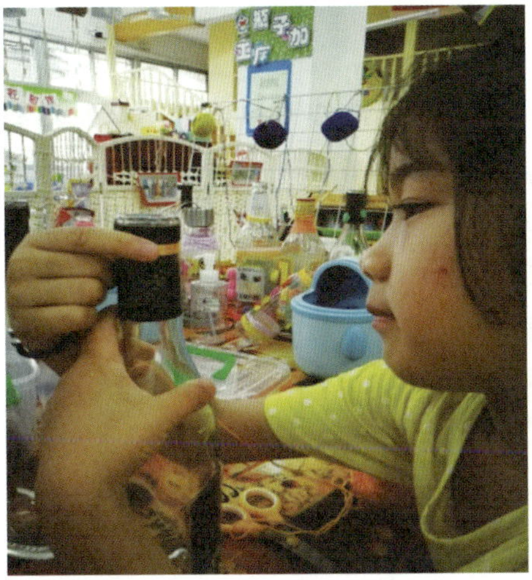

图 6-130

图 6-131

这时，明慧停了下来，看了看酒瓶，又朝材料库瞧了瞧，先选了有色羽毛比画了下，不满意，放了回去。她最终设计的方案是顺着酒瓶的形状贴了一圈双面胶，再选择纽扣顺势粘贴，按一黄一橙的规律排列。后来她发现需要的颜色没有了，随即挑了其他纽扣按照一红一白的规律接了上去。一直到区域活动结束信号响起，还未完全做完，明慧把酒瓶放在未完成作品区，把桌上的纸屑、工具收拾整齐。

图 6-132

图 6-133

教师的思考

明慧是个比较细致的女孩，行动前会把要做的事情想得很清楚，不会盲目行动。她有想法，制作手法娴熟，整个操作过程约四十分钟。她全程沉浸在自己的创意制作中。教师很欣喜地看到“创造”像一粒种子慢慢地在幼儿纯洁的心中开花。对于美术创作来说，材料的多样性、丰富性，可以激发幼儿的创作热情。用不同材料的组合在瓶子上进行装饰，可以让能力不同的幼儿有更多的选择机会，更具有挑战。

四、 主题课程小结

在“瓶子总动员”主题课程中，教师一直践行着《幼儿园教育指导纲要（试行）》所提出的教师在幼儿活动中应扮演好三大角色，即“教师应成为幼儿学习活动的支持者、合作者、引导者”。在课程推进的过程中，教师能以幼儿为主体，关注幼儿的发展，并根据幼儿的兴趣与需要提供适宜的帮助，有效地支持幼儿自主探索和尝试。

1. 立足博物教育核心价值，重视幼儿操作过程。

教师以虞永平老师所提出的“观察与操作是幼儿博物馆的核心精神”为导向，将“利于观察，便于操作”这一主张落实到以瓶子为主题的博物教育区域创设与推进之中。教师认为，“瓶子博物区”不是单纯的呈现和展览各种瓶子的地方，而应该是一个综合的且具实习场特质的特殊的学习环境。因而，在“瓶子总动员”主题课程的实施过程中，教师始终将“重操作、重过程、重体验”贯穿其中，关注幼儿在活动中的兴趣与需求，注意引导幼儿参与和体验，重视幼儿操作的过程。

2. 秉持儿童本位教育理念，鼓励幼儿创意表达。

在课程的推进过程中，有价值的推进线索的捕捉离不开教师在活动中对幼儿的观察与分析。蹲下来与幼儿一起活动，活动中观察幼儿、倾听幼儿的心声、了解他们的需求，这便是尊重幼儿的具体表现。在参与幼儿的活动中，教师深深地感受到大班幼儿思维活跃，能比较好地表达自己的想法。瓶子属于低结构材料，易收集，玩法多样。经过实践，也证实了幼儿对于“瓶子乐园”的兴趣始终热度不减，玩法花样百出。我们的感受是在与幼儿互动时应多尊重幼儿，多倾听幼儿的想法，允许他们创造性地玩瓶子，进而生成更多的瓶子游戏。

关于“瓶子总动员”主题课程设计与实施案例的相关说明

“瓶子总动员”主题课程是以区域活动为主、集体教学活动为辅的形式实施的。集体教学活动内容来自区域活动。教师在区域活动中观察幼儿在主题课程实施过程中所需的相关知识经验，或是在区域活动中所获得比较零散的经验，再通过集体教学活动加以丰富，或是整理总结与提升，进而推进区域活动的发展。主题课程主要以区域活动的形式来展开，这在客观上对教师的专业水平是一种挑战。教师不仅要为各区域提供适宜而充分的活动材料，在幼儿开展区域活动时还需要班上教师共同参与对幼儿活动的观察与指导。通过对幼儿在区域活动中的行为观察与分析，以确定哪些内容需要用集体教学活动的形式来实施，以及各区域材料如何进行有目的的调整，以推进区域活动的纵深发展以及区域活动间的横向联系。

参 考 文 献

[1] 虞永平. 生活化的幼儿园课程 [M]. 北京：高等教育出版社，2010.

[2] 虞永平. 学前课程与幸福童年 [M]. 北京：教育科学出版社，2012.

[3] 冯晓霞. 幼儿园课程 [M]. 北京：北京师范大学出版社，2000.

[4] 王春燕. 幼儿园课程概论 [M]. 北京：高等教育出版社，2007.

[5] 周淑惠. 具 STEM 精神之幼儿探究课程纪实“一起创建游戏乐园”主题 [M]. 台北：心理出版社，2018.

[6] 周淑惠. 幼儿园课程与教学：探究取向之主题课程 [M]. 台北：心理出版社，2006.

[7] 秦元东，王春燕. 幼儿园区域活动新论：一种生态学的视角 [M]. 北京：北京师范大学出版社，2008.

[8] 臧勤. 田野课程观念与实施 [M]. 北京：中国和平出版社，2001.

[9] 赵旭莹，周立莉. 幼儿园综合主题活动：设计技巧与优秀案例 [M]. 北京：中国轻工业出版社，2014.

[10] 蔡伟忠，戚晓琼. 幼儿园 30 个大主题活动精选：让工作更轻松的整合技巧 [M]. 北京：中国青年出版社，2016.

[11] 叶俊萍. 幼儿园课程资源建设新思路：“宝宝博物馆”建设的理念与实践 [M]. 福州：福建人民出版社，2016.

[12] 浙江师范大学杭州幼儿师范学院幼教集团. 故事在主题中开始：蛛网式幼儿园主题活动案例集 [M]. 杭州：浙江大学出版社，2011.

[13] 南京师范大学幼儿园课程资源编写组. 生活·活动·经验：幼儿园

课程资源［M］. 南京：南京师范大学出版社，2019.

［14］袁爱玲，朱淑萍. 幼儿园主题活动设计［M］. 石家庄：河北大学出版社，1992.

［15］陆赵钧鸿. 幼儿园教材系列（中班教师手册 4）［M］. 上海：世界图书出版公司，1999.

［16］上海市教委教研室. 幼儿园探索型主题活动实施与案例［M］. 上海：上海科技教育出版社，2001.

［17］南京市实验幼儿园. 幼儿园综合课程［M］. 南京：南京师范大学出版社，2016.

［18］台中市爱弥儿幼教机构，林意红. 鸽子：幼儿科学知识的建构［M］. 南京：南京师范大学出版社，2004.

［19］陈福静. 幼儿园主题活动的设计与实施策略［M］. 北京：中国轻工业出版社，2016.

［20］吴振东. 幼儿教师教育技能 10 项修炼［M］. 福州：福建人民出版社，2019.

［21］吴振东. 幼儿园课程与教学问答 50 例［M］. 上海：复旦大学出版社，2019.

［22］公燕萍，吴振东. 科学活动应是幼儿的探究之旅：优质幼儿科学活动的特征分析［J］. 教育与教学研究，2015（1）.

［23］甄丽娜. 我国幼儿园主题式教育组合课程实践模式研究［J］. 陕西学前师范学院学报，2014（6）.

［24］林晓丰. 幼儿园班级主题墙创设的教育价值及其优化策略［J］. 湖北广播电视大学学报，2012（10）.

［25］何玲. 发挥主题活动中墙饰的教育功能［J］. 基础教育研究，2009（11）.

［26］张萌. 基于项目活动的幼儿“偏区”指导策略［J］. 上海托幼，2017（10）.

［27］王春燕. 关于幼儿园主题教育活动的设计［J］. 教育导刊（下半

月），2004（7）.

［28］刘霞. 幼儿园主题教育课程中主题网的功能与基本类型［J］. 学前教育研究，2011（3）.

［29］庄春梅. 漫谈主题活动课程［J］. 幼儿教育导读（幼教版），2013（11）.